日本語の言語学のための

日本語の文法論研究

日本語の言語学のための

日本語の文法論研究

(일본어의 문법론 연구)

音声に関する領域
文字に関する領域
語彙に関する領域
文法に関する領域

薛根洙(설근수): 著

全北大学校出版文化院

일본어의 언어학을 위한

일본어의 문법론 연구

(日本語の文法論研究)

음성에 관한 영역
문자에 관한 영역
어휘에 관한 영역
문법에 관한 영역

설근수(薛根洙):저자

전북대학교출판문화원

◦ prologue ◦

본 [일본어 문법론 연구]는 일본어 교육과 일본어학에 관심이 있는 분들에게 언어학 이론 중에서 문법론을 알기 쉽게 집필한 것이다. 특히 문법론과 언어학의 이론과 일본어학적인 개념을 보다 이해를 높이기 위해 부득이하게 일본어로 저술하게 되었다.

언어학이란 〈단어〉 〈문장〉을 기본적인 대상으로 연구를 하는 분야이다. 이 언어학의 영역은 단어나 문장속에 내포된 다양한 특성에 의해 그 연구 영역도 다양하지만, 일반적으로 음성에 관한 영역, 문자에 관한 영역, 어휘에 관한 영역, 문법에 관한 영역과 같이 크게 네 가지로 나눌 수 있다.

〈언어학의 영역〉

1. 음성에 관한 영역	1-1. 음음론(phonology) 1-2. 음소론(phonemics)
2. 문자에 관한 영역	2-1. 문자론(grammatology)
3. 어휘에 관한 영역	3-1. 어휘론(lexicology) 3-2. 의미론(semantics)
4. 문법에 관한 영역	4-1. 문법론(grammar) 4-1-1. 구문론(syntax) 1)문론(text) 2)연어론(word-groups · combination word · collocation word) 4-1-2. 형태론(morphology)

본 일본어 교육과 언어학 연구를 위한 [일본어의 문법론 연구]는 대학 교육에서 일본어 문법론의 이해를 돕기 위해, 특히 개념적인 용어를 일본어로 알기 쉽게 [문법론이란 무엇인가?] 라는 관점에서 개설한 것이 특징이다.

문법론에서 [문법(文法)이란 무엇인가?] 라는 이론에 대해 고찰해 보기로 한다. [문법]이란, 단어와 단어가 결합하여, 하나의 문장을 만드는 [규칙과 법칙]을 결정하는 것이라고 말할 수 있을 것이다. 또, 단어와 단어와의 관계를 표시하기 위한 하나의 구조적인 체계를 가리키는 것으로, 문장을 구성하는 단어가, 어느 단어와 결합하고, 어떤 순서로, 어떤 문장으로 만들어 갈 것인가? 하는 점을 고려하고 실행하는 단계에서, 그 체계적인 법칙을 구성하는 것이라고 말할 수 있을 것이다.

이 책의 구성은 전부 20장으로 구성되어 있고, 그 구체적인 사항은 다음과 같다.

제1장. 언어학이란 무엇인가?
제2장. 단어란 무엇인가?
제3장. 문장의 단위란 무엇인가?
제4장. 품사 분류의 방법이란 무엇인가?
제5장. 문장의 성분이란 무엇인가?
제6장. 품사란 무엇인가?
제7장. 명사란 무엇인가?
제8장. 격조사란 무엇인가?

제9장. 강조란 무엇인가?

제10장. 동사란 무엇인가?.

제11장. 형용사 · 형용동사란 무엇인가?.

제12장. 부사란 무엇인가?

제13장. 연체사란 무엇인가?

제14장. 접속사란 무엇인가?

제15장. 종조사란 무엇인가?

제16장. 감동사란 무엇인가?

제17장. [こそあど]란 무엇인가?

제18장. 경어란 무엇인가?

제19장. 의성 · 의태어란 무엇인가?

제20장. 연어론이란 무엇인가?

먼저 제1장은 독자가 일본어학의 일반론에서 이해할 수 있도록 음성·문자·어휘·문법에 관한 각각의 영역을 분류, 제시하였다. 제2장은 단어란 무엇인가? 문법적인 의미·어휘적인 의미·형태론적인 의미를 개설하고, 제3장은 언어표현의 단위로서 문장·단락·문·문절·단어에 대하여 개설하였다. 제4장은 품사 분류의 방법으로 품사 분류의 종류·품사 기능에 대하여 개설하고, 제5장은 문장의 성분은 무엇인가? 라는 테마로 주어와 술어·대상어·수식어· 상황어와 같은 항목으로 개설하였다. 제6장은 품사를 전반적으로 논하였다. 구체적으로 품사란 무엇인가? 품사 분류의 조건에 대하여 개설하였다. 제7장은 명사란 무엇인가? 에 대하여 개설하고, 제8장은 격조사를 주된 테마로 격조사의 종류·[주격][연체격][연용격][병립격][준체언 조사]에 대하여 개설하였다. 제9장은 「강조표현」란 무엇

인가? 에 대하여 개설하여, 구체적으로는 [강조 표현의 조사]의 종류에 대하여 개설하였다. 제10장은 동사에 대하여 주로 다음과 같은 두가지 측면에 대하여 개설하였다. 그 두 가지 측면이라는 것은 구체적으로 (1)동사활용의 종류·학교문법의 활용표·동사란 것은 무엇인가? (2)종지형과 중시형·동사의 [보통체와 정중체] ·무드(Mood)·가능동사· [ら]를 생략한 단어·자동사와 타동사·의지동사와 무의지동사·조건문·동사의 종류·텐스(Tense), 아스펙트(Aspect)·태(Voice)·수수동사 등이다. 제11장은 형용사·형용동사이다. 형용사의 활용·형용사의 음편형·형용사의 텐스와 무드·형용사의 종류·속성형용사의 종류·속성 형용사와 감정형용사란 무엇인가? · 형용동사의 텐스, 무드 등을 개설하였다. 제12장은 부사를 취급하였다. 부사란 무엇인가? 부사의 종류, 부사를 만드는 법, 진술부사, 진술부사란 무엇인가? 진술부사와 호응관계·진술부사의 종류의 항목에 대해 개설하였다. 제13장은 연체사를 대상으로 연체사란 무엇인가? 연체사의 종류·다른 품사와 연체사와의 구별하는 방법에 대하여 개설하였다. 제14장은 접속사를 대상으로 접속사란 무엇인가? 접속사의 종류에 대하여 개설하였다. 제15장은 종조사를 대상으로 종조사란 무엇인가? 종조사의 종류에 대하여 개설하였다. 제16장은 감동사를 대상으로 감동사란 무엇인가? 감동사의 종류에 대하여 개설하였다. 제17장은 이른바 [이, 그, 저, 어느]의 표현단어를 대상으로 [こそあど표현]이란 무엇인가? 지시어·[こそあど표현]의 종류·인칭대명사·지시대명사에 대하여 개설하였다.

제18장은 경어로서 경어란 무엇인가? 명사의 경어·동사의 경어·경어표현의 특징과 종류·존경어·겸양어·정중어·미화어·이중경어·[존경어,

겸양어, 정중어]의 종류등에 대하여 개설하였다. 제19장은 의성어·의태어를 대상으로, [의성·의태어는 무엇인가?]·의성어의 종류에 대하여 개설하였다. 마지막으로 제20장은 연어론을 대상으로, 연어란 무엇인가? 라는 것에 문제를 제기하고, 거기에다 문법적인 의미와 어휘적인 의미의 두 방면에서 연어 분석에 있어, 실천적인 방법을 구체적으로 서술하였다.

이 책을 한국내에서 한국어가 아닌 일본어로 집필하고 출판한 이유는, 일본어학이나 문학, 문화를 학습하는 많은 학생들이, 특히 어휘론의 관련 전문적인 용어에 대하여 보다 일본어의 원어로 이해하고, 앞으로 일본유학 생활을 하거나, 한국내에서 일본어 원서를 접하는데 있어서 조금이나마 도움이 됐으면하는 간절함이 담겨져 있고, 이 부분에 대해서는 학습자들의 많은 이해를 바랄 뿐이다.

아무쪼록 언어학 관련에서 특히 일본어 문법론 전문 용어가 보다 넓게 알려지고, 한국내 학계에 보다 많은 토론이 전개되기를 기대한다. 독자여러분들께서 저자의 이러한 뜻을 충분히 받아 주신다면 큰 보람으로 간직하고 싶다.

이 책을 집필하면서 많은 분들로부터 조언을 받았다. 특히 전북대학교(일어일문학과 강사선생님)의 Otani yuka씨와 저자의 일본 와세다대학 동기인 Nogawa hiroyuki박사는, 용례의 의미, 표현의 불확실한 점, 용례가 내포한 역사적인 배경 등에 대하여 자문해 주었다. 이 두 분은 저자의 이러한 의향을 잘 이해하고 Informant(자료 제공자)로서 이 책의 완성도

를 높였던 것이다. 감사의 마음을 전하는 바이다. 또 흔쾌히 출판을 허락해 준 전북대학교 출판문화원 관계자 여러분들께도 심심한 감사의 말씀을 전한다.

2016년 10월 11일

전북대학교 설근수 연구실에서

저자 설근수(Seol Geun-Soo)

sgs@jbnu.ac.kr

◦ prologue ◦

本書「文法論の研究書」は、日本語教育や日本語学に関心がある方に、言語学の立場から、文法論をより理解しやすい形で概説したものである。そして文法論や言語学の理論をより日本語学的な角度からご理解頂きたいという気持ちから、ことさら「日本語」で著したのである。

言語学とは、＜単語＞と＜文＞とを基本的な対象として、研究をすすめる分野である。文や単語がもつ多様な特性によって、その研究の領域も多様となるが、一般的に、「音声に関する領域」、「文字に関する領域」、「語彙に関する領域」、「文法に関する領域」の四領域に大別することができる。

これら言語学の領域をより具体的に分類すれば、おおよそ以下のとおりである。

本書＜文法論の研究＞は、韓国および日本の言語学における新たな研究書の一つたるべく、主として「文法論とは何か」を中心に概説したものである。

「文法とは何か？」を考える場合、文法とは、単語と単語とを組み合わせて、文を作る法則・規則・決まりを指す。また、単語と単語との関係を表示するための一つの体系を指してもいて、それらの単語をどのような順序で、どの単語と組み合わせて、どんな文に作りあげるか、ということを考え、実行するうえで体系的な法則を構成しているのである。

本書の構成は、全20章からなり、その細目は、およそ以下のとおりである――第1章.言語学とは何か？、第2章.単語、第3章.言葉の単位、第4章.品詞分類の方法、第5章.文の成分、第6章. 品詞、第7章.名詞、第8章.格助詞、第9章.取り立て、第10章.動詞、第11章. 形容詞・形容動詞、第12章. 副詞、第13章.連体詞、第14章.接続詞、第15章.終助詞、第16章.感動詞、第17章.こそあど言葉、第18章.敬語、第19章.擬声・擬態語、第20章. 連語論。(このなかで、一部は韓国でさきに出版された(2012)『日本語の語彙論の理解』ShinAsa出版社をもとに著作されたことを明らかにしておきたい。)

まず第1章では、読者が日本語学の一般論から理解できるよう、音声・文字・語彙・文法に関するそれぞれの領域を分類提示した。第2章では、単語とは何か？・文法的な意味・語彙的な意味・形態論的な意味を概説し、第3章では、言葉の単位として、文章・段落・文・文節・単語について概説した。第4章では、品詞分類の方法として、品詞分類の種類・品詞の機能について概説し、第5章では、「文の成分とは何か？」というテーマのもと、主語と述語・対象語・修飾語・状況語といった項目について概説した。第6章では、品詞を専門に論ずる。より具体的には品詞とは何か？つまり、品詞分類の条件について概説した。第7章では、名詞とは何かということについて概説し、第8章では、格助詞を主なテーマとし、格助詞の種類・「主格」の場合・「連体格」・「連用格」・「並立格」・「準体言助詞」について概説した。第9章では、「取り立て」とは何かということを考える。具体的には「取り立て詞」の種類について概説した。第10章では、動詞について、主に以下の二つの角度から論じた。二つの角度とは具体的には、(1)・動詞活用の種類・学校文法の活用表・動詞とは何か？(2)・終止形と中止(なかどめ)形・動詞の「普通体と丁寧体」・ムード(Mood)・可能動詞・ら抜き言葉・自動詞と他動詞・「意志動詞・無意志動詞」・条件文・動詞の種類・テンス(Tense)・アスペクト(Aspect)・態(Voice)・ヤリモライ(授受) である。第11章では、形容詞・形容動詞を扱う。形容詞の活用・形容詞の音便形・「形容詞のテンス・ムード」・形容詞の種類・属性形容詞と感情形容詞・形容動詞とは何か？・「形容動詞のテンス・ムード」といった点について概説した。第12章では、副詞を扱う。副詞とは何か？・副詞の種類・副詞の作り方・陳述副詞・陳述副詞とは何か？・陳述副詞と呼応関係・陳述副詞の種類といった項目について概説した。第13章では、連体詞を扱う。連体詞とは何か？・連体詞の種類・他の品詞と連体詞との区別の仕方について概説した。第14章では、接続詞を扱う。接続詞とは何か？・接続詞の種類について概説した。第15章では、終助詞を扱う。終助詞とは何か？・終助詞の種類について概説した。第16章では、感動詞を扱う。感動詞とは何か？・感動詞の種類について概説した。第17章では、いわゆる「こそあど言葉」を扱う。こそあど言葉とは何か？・指示語・こそあど指示語の種類・人称代名詞・指示代名詞について概説した。第18章では、敬語を扱う。敬語とは何か？・名詞の尊敬語・動詞の尊敬語・敬語表現の特徴と種類・尊敬語・謙譲語・丁寧語・美化語・二重敬語・[尊敬語・謙譲語・丁寧語]の種類などについて 概説した。第19章では、擬声・擬態語を扱う。「擬声・擬態語とは何か？」・擬声語の種類・擬態語の種類

について 概説した。終わりに第20章では、連語論を扱う。連語とは何かということについて問題提起し、そのうえで文法論的な意味と語彙的な意味の二方面から連語分析に際しての実践的な方法を極力具体的に述べた。

この書を韓国にあって敢えて日本語で執筆・出版した理由は、日本語学や日本文学を専門とする少なからぬ学生が、「専門的な用語」を日本語原語によって理解し、将来の日本留学、もしくは韓国に身を置きつつ日本語文献を閲読するうえで役立ててほしいという思いからである。著者はむろん、近い将来において韓国語版を公にする所存であるが、それに先立ち、言語学関連の日本語専門語彙がより広く知られ、韓国の関連諸学界にあって一層の討論がなされることを願っている。読者諸子が著者の意のあるところをお察しくださるのであれば、幸甚これに過ぎるものはない。

執筆にあたり多くの方々にお世話になりました。特に、韓国国立全北大学校(日語日文学科の非常勤)の大谷由香先生と、著者の早稲田大学在学中の旧友である野川博之博士には、用例の語義・読み方不詳の箇所や、用例が持つ歴史的背景、さらには著者自身による日本語例文の妥当性について、しばしばこの両氏に諮った。両氏は著者のこうした意向をよく汲んで、informantとして十分に働いてくれた。記して特に御礼申し上げたい。また、出版事情が決して楽観を許さない時勢のうちにあって、それでもなお快く出版を引き受けてくださった全北大学校出版文化院にも感謝し御礼申し上げたい。

2016年 10月11日

韓国・全北大学校 薛根洙 研究室にて

著者 薛根洙(ソル・クンス)

sgs@jbnu.ac.kr

◦目次◦

第1章.

言語学とは何か？

第1章. 言語学とは何か？

人は、他人とコミュニケーションを進める場合、主として言語という道具(ツール)を使う。その道具は、音声や文字によって表わすことができる。音声や文字で表わされたそれら道具のうち、単語と単語とを結合して構築されたものが文である。単語は、文だけを構築するのではなく、連語や慣用句をも構築することができる。また、連語や慣用句は、文を構築する材料として役割を発揮することができる。文を構築する最も小さな構成要素は、連語でも慣用句でもなく、単語そのものである。だから、単語というものは、文を構築する最も小さい単位であるとも言えよう。

言語学の研究対象は、いろいろ挙げられる。文を構築する構成要素としての連語や慣用句もその考察対象であるが、基本的にはやはり、単語から開始されるべきであろう。言語学は、文を構築する材料(連語・慣用句・単語)が持つ多様な特性によって、その研究の領域もまた多様に織り成される。

言語学の領域をそれぞれの特性に注目すると＜図1、2＞で表わしたように、1)音声に関する領域、2)文字に関する領域、3)語彙に関する領域、4)文法に関する領域の四つに大別されよう。

<図1>

1	**音声に関する領域**(音声方面に注目して研究する分野)
	1-1.音韻論(phonology):言語の構成要素である音声(言語音)の機能を研究する分野。 1-2.音素論(phonemics):音素を抽出し、その体系や構造を研究する分野。
2	**文字に関する領域**(文字の形に注目して研究する分野)
	2-1.文字論(grammatology)。
3	**語彙に関する領域**(単語の意味・語彙に注目して研究する分野)
	3-1.語彙論(lexicology):単語の語彙について、体系的に記述説明する分野。 3-2.意味論(semantics):単語の意味に注目して研究する分野。
4	**文法に関する領域**(文を構築する規則に注目して研究する分野)
	4-1.文法論(grammar)。 4-1-1.構文論(syntax):単語と単語との関係に注目して研究する分野。 1)文論(text): 文章を作者の意図に支配されたものとみるのではなく、あくまでも文章それ自体として読むべきだとする思想のこと。 2)連語論(word-groups・combination word) (本書第20章で後述)。 4-1-2.形態論(morphology):意味をもつ形態素に注目して研究する分野。

＜図2＞言語学の領域

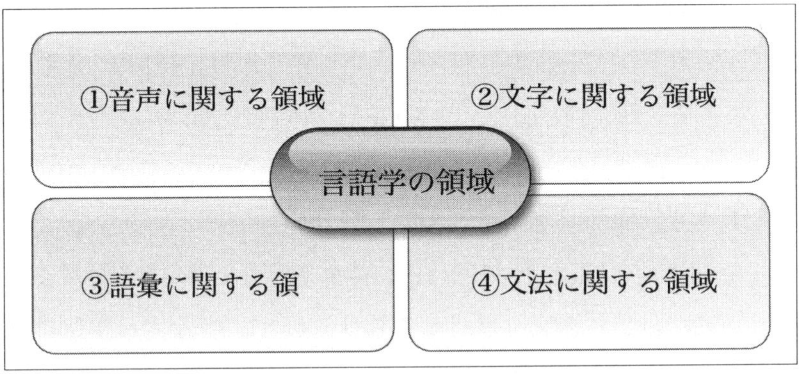

1-1. 音声に関する領域

音声言語とは、人が言語活動を行う際に発する音を指し、これを言語学にあっては「音声」という。この音声は、話し手と聞き手との意思の伝達に用いられる道具であり、肺から出た空気(呼気)が、のど・口・鼻などの生理的な構造を通って、外へ吐き出される過程で形成される。空気の抵抗感を利用して発せられた音声は、聞き手側に伝えられるが、それ自体は時々刻々と消えてしまうものである。音声言語はこのように話し手と聞き手とが、コミュニケーション(言語活動)の場を共有する直接的伝達に用いられており、いわば可聴性に重きを置いた言語であると言えよう。

この音声に関する領域のうち、特に音声に注目して研究する分野を、1)音韻論(phonology)と2)音素論(phonemics)とに二分できよう。

音韻論とは、言語のなかでも、音の体系や規則性を調べ、その働きや関係を追求する分野である。意味の違いに関係する音が、音韻である。音韻の最小単位を「音素」という。音韻は＜[　]＞という記号を用いて示される。一方、音素は＜／　／＞という記号を用いて、それぞれ示される。例えば、「日本」という単語を、音韻の違いによって表示してみよう。

例）日本[NihoN]、日本も[Nihommo]、日本と[Nihonto]

一方、音素論は、音素を抽出し、その体系や構造を研究する分野であり、いわば「おと」(発音)を構成するもっともせまく、小さな単位に焦点を当てているのである。例えば、「日本」という単語を、音素の違いに注視しつつ表示すれば次のとおりである。

例）日本[Niho/N/]、日本も[Niho/m/mo]、日本と[Niho/n/to]

＜図3＞は、言語学の領域のなかで、その「音声に関する領域」が、どの位置に示されているかを表わしたものである。

＜図3＞ 音声に関する領域

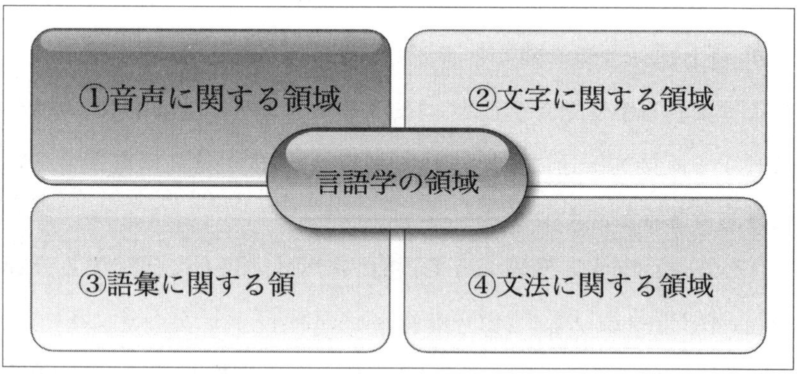

1-2. 文字に関する領域

文字とは、本質的に消えやすい音声言語を固定化するための手段であり、言語活動全体にあっては、「文字を媒介とする言語」でもある。文字言語は、それが記された材料の上で固定化されているので、その記録を長く保存することができる。いわば、平面と時間をも含めた三次元の伝達方式である。

文字言語は、筆記用具などの伝達道具を必要とし、書き手によって発せられた情報を読み手まで届けることを本旨とする。それゆえ、文字という記号によって表現し理解する言語として、しばしば時間的・空間的な制約が認められる。とりわけ、音声言語の伝える複雑な音調や感情のような微妙な表現を文字によって写し取ることは、実のところ相当に困難である。周知のように、携帯電話やメールの発達に伴い、世界各国でさまざまなメール用絵文字の考案がなされた。今後も多くの新たなメール用絵文字が考案されるであろう。ただ、それでも音声言語ほどの感情表現の幅をもち得ないことは、改めて論を俟たないのではないだろうか。

日本語における文字としては、やはり漢字を無視するわけにはゆくまい。言うまでもなく、日本人にとって本来は外国の文字ではあったが、長い歴史の中でいつしか日々の言語生活に欠かせない存在となった。日本独自の文字である「かな」さえも、漢字から生み出された文字である。日本語における漢字には、音読みと訓読みとがあって、例えば「風車」と書いて、音読みで「ふうしゃ」と読む場合と、訓読みで「かざぐるま」と読む場合がある。前者は農工業に実用される大型機具であるのに対し、後者は玩具であるという意味上の違いがある。この例に見るがごとく、漢字で書けば同一の単語であっても、読み方によってそれぞれの意味合いもしばしば変化するのである。＜図4＞は、言語学の領域のなかで、その「文字に関する領域」が、どの位置に示されているかを表わしたものである。

＜図4＞ 文字に関する領域

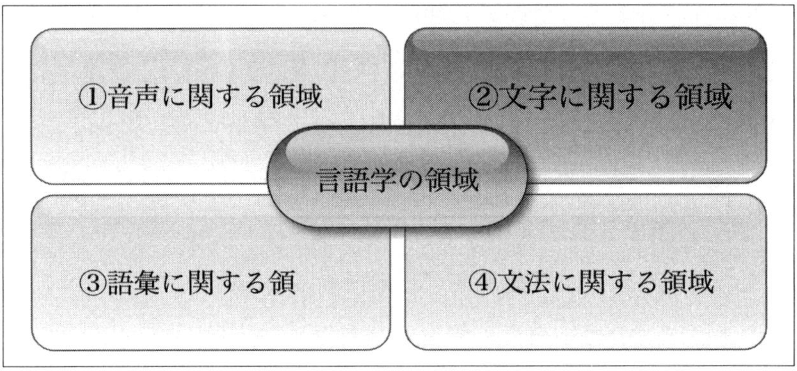

1-3. 語彙に関する領域

語彙に関する領域は、意味論と語彙論の二つに大別できる。単語には、基本的な意味から派生的な意味にいたるまで、いろいろな意味合いが含まれる。その意味を研究対象とするのが意味論である。単語における意味とは、一般に単語が内包しているあらゆる意味合いを指し、これら意味合いを集めたのが語彙である。一方、語彙とは、ある範囲（例えば一つの文学作品・一個人の発言記録など）において使われる単語の集まりの総体（「彙」とはそもそも「集まり」の意）である。

語彙論研究では、類似語（上位語・下位語）・反義語・同義語などに関心をおいている。自然言語を収録した国語辞典こそは実に、語彙の倉庫であり、そこに収録された単語の全てを語彙と呼ぶことができよう。この語彙を目的に沿って、体系的に記述研究する言語学の分野を、語彙論というのである。＜図5＞は、言語学の領域のなかで、その「語彙に関する領域」が、どの位置に示されているかを表わしたものである。

＜図5＞語彙に関する領域

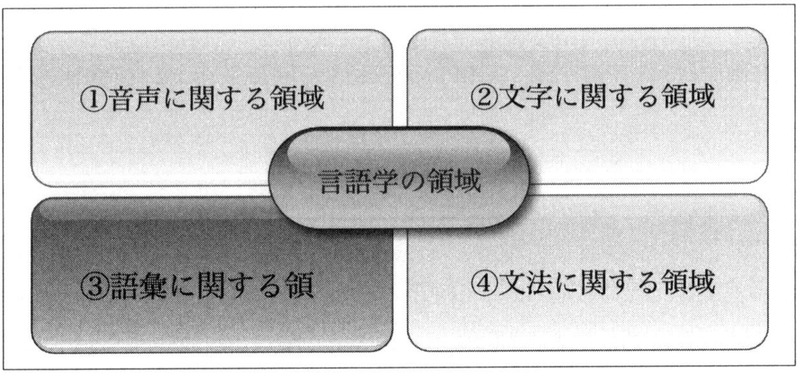

1-4. 文法に関する領域

言語学の領域のなかで、文法に関する領域は、構文論と形態論に大別できる。また、構文論は、さらに文論と連語論とに二分される。

構文論は、単語が有している意味内容を考察の対象外とし、もっぱら単語と単語の組み合わせに見る形式的な規則のみを取り扱う分野である。また、文を構成する単位(単語・連語・慣用句)における組み合わせの法則やその機能、各々の構成単位に見る機能をも研究対象とする。文法論の領域は、一般的に構文論(文論・連語論)・形態論のようにカテゴリー化されている。

一方、形態論は、語形変化をおこす単語の形態変化を対象とする研究部門であって、単語の文法的な側面を研究する文法論上の分野をいう。前述したとおり、この分野はさらに文論と連語論とに二分される。このうち、まず文論は、単語や連語・慣用句が、文を組み合わせる構成要素として、文が組み立てられる際に、その構成要素間の文法的な側面を研究する分野である。これに対し、連語論とは、単語と単語とが組み合わさった際、単語間の意味的な関係を中心に研究する分野である。

文法とは、自然言語の体系、およびそのモデル、およびそれをもとにした、ある個別言語の話し手が従うべき規範であり、また単語を組み合わせて、文を作る法則・きまりのことである。日本語には、日本語という言葉の決まり(規則)があり、この言葉の使い方の決まりを「文法」というのである。このように日本語には日本語の文法が存在するのである。

＜図6＞は、言語学の領域のなかで、その「文法に関する領域」が、どの位置に示されているかを表わしたものである。

<図6>文法に関する領域

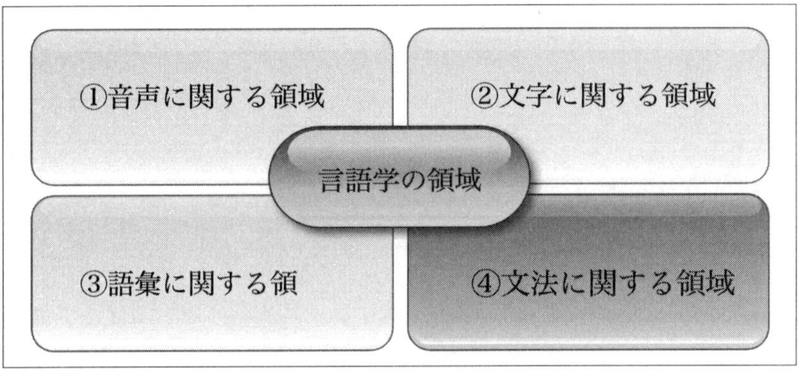

第2章.

単語

第2章. 単語

2-1. 単語とは何か？

単語は、言語のもっとも基本的(小さ)な単位であり、かつは命名(表現)上の単位である。それゆえ、基本的には個人が意図的に作り出すことはできない。新発見の生物に命名がなされる際、学術会議での複雑な認定手続きが要請されることなどは、その典型的な例であると言えよう。一方、文は言語活動の単位として、話し手や書き手の責任において、その時その場で自在に作り出すことができる。

単語の意味には、「文法的な機能」「語彙的な意味」「形態的な形」のようなものがあって、単語はこのような意味によって、名詞、動詞、形容詞、副詞などに分類することができる。分類の基準となる文法的機能とは、具体的にはその語彙がどのような語形変化をするか、文のなかで他の単語とどのように結合するかといったことである。このような形態的・機能的分類に加えて、より細かな意味的な定義もいろいろと表わすことができる。

単語には、それぞれ意味があり、意味のない単語など存在しない。単語を規定する場合、三つの必要条件が存在するが、その一つは「意味」を表わすことである。単語が文を構築する要素として参加できるのも、この条件に拠っているのである。

単語の意味は、一般的であるが、単語が文を構築する場合は、ある個別的な現実の一部分である(断片・一切れ)を指し示している。単語は、語彙・文法的にもっとも基本的な単位でもある。

上でも少し述べたように、単語を規定する場合は、以下の三つの条件が要請される。すなわち、①「音(音声)」で表わされる、ということ、②その音に「意味」が焼き付けられている(刻印されている)ということ、③また、意味を有した音は、品詞性が内在した「機能」を表わすということ。この三つである。これらをすべて具備していてこそ、はじめてそれを「単語」であると規定することができるのである。＜図1＞は、単語を規定する場合に、その3要素を表わしたものである。

＜図1＞単語を規定する条件

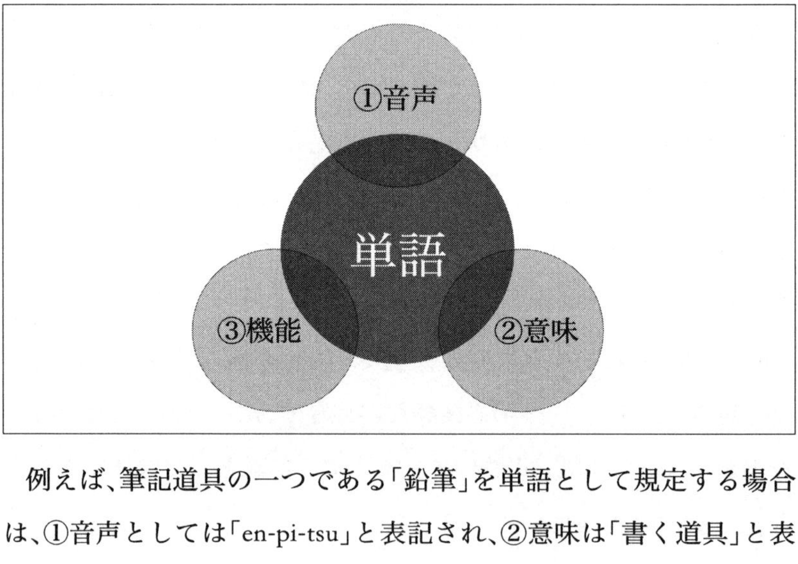

例えば、筆記道具の一つである「鉛筆」を単語として規定する場合は、①音声としては「en-pi-tsu」と表記され、②意味は「書く道具」と表わされ、そして、③機能としては名詞という品詞性が認められる。こ

れら三条件をいずれも充たしているからこそ、「鉛筆」は、書く道具としての語彙的な意味と、名詞という機能を有する品詞のもとで、文の構造を組み立てる要素として参加することもできるのである。

＜単語の規定＞

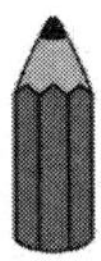	1)音声	「en-pi-tsu」という発音
	2)意味	筆記道具としての意味規定
	3)機能	品詞性を表わす

単語は、文を組み立てる材料として、①意味、②形の作り方(変化の仕方)、③文のなかでの 働き(機能)などに従って、名詞・動詞・形容詞・副詞などに分けられる。これを一般に品詞分類と称する。品詞分類とは、より具体的には、語彙的な意味と文法的な意味との特徴によって、単語の種類ごとに分けることをいう。

品詞とは、単語が有している語彙的な側面と文法的な側面とから分類された単語の集まりであり、全ての単語は、いずれかの品詞に所属するものと考えられている。

2-2. 文法的な意味

文法(Grammar)とは、自然言語の体系、およびそのモデル、およびそれをもとにした、ある個別言語の話し手が従うべき規範であり、また単語を組み合わせて、文を作る法則・きまりのことである。したがって日本語には、日本語という言葉の決まり(規則)があり、この言葉の使い方の決まりを「文法」というのである。

言語学領域のなかで「文法」は、文法に関する領域である。また、文法論は、構文論と形態論とに大別できる。文法的な意味とは、語彙的な意味の文の中への持ち込み方であって、語順と形態変化である語形とによって表わされる意味のことである。文には、三つの本質的な特徴として、「対象的な内容」「陳述性」「分割構造」がある。

まず、「対象的な内容」とは、「話し手が聞き手との間で情報交換するための共通に理解できる対象として、現実を反映して組み立てたもの」であり、主に「名詞」「動詞」「形容詞」「副詞」のなかから選択された単語・連語・慣用句の組み合わせによって構成される。対象的な内容の構成の基本的な役割は、「人」「モノ」「生き物」「こと」などを表わす単語を「差し出すモノ」として表わし、それらと「行為」「運動」「動き」「特徴」「状態」「性質」などを表わす単語との間で「陳述する行為」という組み合わせを作り、その結果「人＋行為」「生き物＋動き」「モノ＋特徴」のように、対象的な内容をもつ組み合わせとして表わす、ということである。

次に「陳述性」とは、「対象的な内容を現実の中に位置づけるための、文の作り手による操作」であり、主に述語の語形や「陳述詞」「接続詞」「感動詞」による文の部分によって構成される。

そして、「分割構造」は、文を構成する、単語の組み合わさり構造を指しており、対象的な内容と陳述性との表わし分けを、文の部分とその諸関係とによって示している。

単語が語彙的な側面を表わしつつ、連語や文を構築する場合は、この文法的な意味合いが大きく働くのである。単語における文法というのは、文を構築するうえでの規則の総体である。また、語彙体系のなかで、語形との関係をもちながら、他の単語と組み合わさり、それ自身の形を変えたりして文法的な機能をはたす、ということもある。

単語の語形は、語彙の集まりである辞書における単位でありながら、同時に、文を構築する構成要素ともなる。

上述した単語のもつ三つの側面のうち、まず前の二つ、すなわち、文法的な意味と語彙的な意味とに注目してみよう。まず、1)名詞　2)動詞　3)形容詞が、どのような過程でそれぞれのもつ文法的な意味合いを表わしているか。これについてはおよそ次のような特色が指摘されるのではないだろうか？

1)名詞の場合: 名詞＋「に・で・へ・を・から・まで・の」のような格助詞と組み合わさる。
2)動詞の場合: 動詞の語尾の語形変化の部分。
3)形容詞の場合: 形容詞の語形変化によって、名詞や動詞を修飾する。

このように、文法的な意味とは、文のなかで単語の要素が表わす関係の意味や話し手やそれぞれのおかれた現実に対する陳述的な意味である、と言えよう。

単語が、文を構築する際には、それぞれの品詞性によって、文の材料として、主語・述語・補語など、いろいろな資格を帯びつつ、文の部分として働くのである。例えば、下の表のようにである。

＜文の部分＞

文の部分	文
主語	○太郎は　学生です。
述語	○学生は　学校に　行きます。
補語	○学生は　持ち物検査を　毎週　受けることに　反対です。

2-3. 語彙的な意味

ある単語とある単語とが、共通性のある語彙的な意味を表わす場合、その単語が有する二つ以上の共通性のある意味的関係を明らかにする分野を語彙論という。この語彙的な意味に対し、共通性を取るか、それとも反対の意味合いをとるかは、使用者の目的によって異なってくる。

例えば、共通性の意味を表わす単語グループのなかで、語彙を分類する場合、ある単語とある単語とが、どのような共通性を持って参加できるか？これを分析した結果明らかにされるのが、「語彙的な意味」である。

単語は、文を構築する構成要素として、文法的な意味を帯びつつ、同時に語彙的な意味をも帯びている。まず、1)名詞　2)動詞　3)形容詞が、どのような過程で語彙的な意味合いを表わすようになるのか？その規定は、およそ次の通りである。

1)名詞の場合：名詞(物事の意味合いを表わす場合)
2)動詞の場合：動詞(物事の動き・変化・存在・状態の意味合いを表わす場合)
3)形容詞の場合：形容詞(物事の性質・状態・感情の意味合いを表わす場合)

単語(品詞)の種類によっては、物事を表わす場合、物事の動きを表わす場合、物事の性質や状態を表わす場合がある。

下に掲げた表からもわかるように、＜文法的な意味＞とは、丁寧、否定、過去、命令、意志といった文法的な形を表わす。一方、＜語彙的な意味＞とは、書きます、起きます、食べます、〜します、来ますのように、「連用形による肯定の丁寧形」を同一のカテゴリーで表わす。

<語彙的な意味と文法的な意味の関係>

文法的な意味 / 語彙的な意味	丁寧形	否定形	過去形	命令形	意志形
読む	読みます	読まない	読んだ	読め	読もう
起きる	起きます	起きない	起きた	起きろ	起きよう
食べる	食べます	食べない	食べた	食べろ	食べよう
する	します	しない	した	しろ	しよう
来る	来ます	来ない	来た	来い	来よう

2-4. 形態論的な意味

形態論は、文と連語の基本的な材料として、単語がもつ文法的な側面を対象とする文法論の一分野である。とりわけ、品詞全般に関して、さらに対象を絞るなら、単語の文法的な側面を明らかにすることを目指している。したがって、活用・曲用などにみられる語形変化や単語の構成について研究することが、おのずとその主眼となる。

単語が文の構造を構築する際に、活用(動詞・形容詞・形容動詞などが語尾変化すること)と曲用(名詞が格助詞と結合する場合、名詞がいろいろな格助詞と結合するたびに生じる様子)の機能をともにもつ単語は、その機能を表わしながら、文を構築することができる。つまり単語は、形態論的なかたちをその機能として表わしつつ、構文論的なかたちをも表わすのである。

単語は、構文論的にも形態論的にも形付けられているわけであるから、構文論的な機能の体系であり、形態論的な変化の体系であるとも言えよう。品詞とはこのように、構文論的な機能と形態論的な変化とを基準にして分類される単語のグループをいうのである。

特に、形態論的な様子を動詞の形式から見ると、テンス(Tense)、アスペクト(Aspect)、態(Voice)、ムード(Mood)などがある。

テンスとは、起こった事(事件)や発話地を基準とする時間軸がどこに位置するか？という事件の外的時間に関して規定される言語学的な時間中心として示される文法的なカテゴリーである。ここで発話地を「現在」、その以前を「過去」、その以後を「未来」としよう。

アスペクトとは、動詞が、一般的に運動(動作)や変化のもとで、状態として働く場合にあって、この種の動詞は、時間とともに進行する。具体例としては、「始まり」「続ける」「終わり」が挙げられる。このように、「始まり」「続ける」「終わり」のある運動をどのように把握するかということに関心をおいた文法的なカテゴリーをアスペクトという。

態とは、一般言語学のなかで文法論において、動詞の形を変える文法的なカテゴリーの一つで、動詞の表わす行為を行為者の側から見るか、行為の対象の側から見るかによって区別するもので、能動態・受身態・使役態・使役受身態がある。

ムードは、話者の意図や態度を表わす文法的なカテゴリーのことである。文が表わす出来事の現実との関係(事実的か反事実的か)や意図、聞き手に対する態度などを表わす場合である。特に動詞の形態に反映された場合を言う。具体的には断定、疑義、命令、可能・必然、許可・義務、願望・要求といった意味合いを表わしている。時としてモダリティ(Modality・法性)と同義で語られることもある。

文法体系を研究対象とする言語学の分野は、文法論といわれるが、文法論は形態論と統語論とに大別される。このうち、まず形態論は単語の文法的な側面をあつかう。一方、統語論は文または単語の組み合わせに見る文法的な側面をあつかう。

第3章.

言葉の単位

第3章.言葉の単位

人間が、言語(通達)活動のなかで使う言葉(書く文章や話す話)には、意味のまとまりによって「単位」があり、その「言葉の単位」には、一般的には次のように分けることができる。大きい単位から順に「文章」→「段落」→「文」→「文節」→「単語」の５つに大別される。文を作る構成要素としては、「連語」「慣用句」などもあるが、これを作るにも、単語から作られるのである。このように、単語というものは、文を作る構成要素のなかで、一番小さい単位である。

3-1. 文章

「文章」とは、言葉の中で最も大きい単位である。わかりやすく言うと、ある本の最初から最後までが文章である。また、文章とは、一つのまとまった内容を表した言葉の集まり全体を指し示す。たとえば、一点の作文は、その作文全体で一つの文章となる。文章は、言葉の単位のなかで最も大きいものである。文章が長くなると、その内容の上から、いくつかのまとまった部分に区切られることが多い。その内容ごとに区切られた部分を「段落」と呼ぶ。

文章は、その中の適当な箇所に句点「。」が打たれている。その句点によって区切られたひとつづきの言葉を「文」と言う。文という単位は、文法の基本となる。なぜなら、「文法」というのは、単語が組み合わさって「文」を作るときの法則だからである。

文は、長い場合もあれば短い場合もある。しかも、日本語の文には主語や述語がないことがよくある。ちなみに、たった一語でも文として成立する。「春だ。」「火事だ。」「起きろ。」がその好例である。

「文章と文」との関係

文章	○明日、会議が　ある。 時間は　まだ　わからない。
文	○明日、会議が　ある。 時間は　まだ　わからない。

3-2. 段落

「段落」とは、改行の部分から次の改行の前までのことをいう。すなわち、文章中に、書き出しが一段下げで始まって個所のことである。つまり、一段下げた箇所から次の一段下げた箇所までの１ブロックを一段落と数えるのである。

段落は、文章全体を構成する要素(単語)であり、それぞれの段落の要約を追っていくと、文章全体が正しく把握できるようにしなければならない。ただ単に改行すればよい、というものではない。大きな意味の切れ目で改行して、一つの段落をつくることである。例えば、感想文では、書く目的や見方・立場を変えるときに、新しい段落を設ける。説明文では、新しい考え方や事がらに移るときに、新しい段落を設ける。

3-3. 文

「文」とは、句点「。」で区切られているものであり、ここでの「文」とは、上で示した「明日、会議が　ある。」「時間は　まだ　わからない。」がそれぞれ一つの文である、したがって、この例では二つの文が表わされている。

3-4. 文節

「文節」とは、文の意味をできるだけ短く区切った一区切りを指す。また、「文をそれぞれの意味ごとに区切ったもの」で、文節の中には「自立語」と呼ばれる「意味を持った単語」が、「１つだけ」入る。１つも入らないとか、２つ以上入っていること場合はあり得ない。

文を声に出して読むとき、自然に息を切ることができる切れ目がいくつかある。文を発音上不自然にならない程度にできるだけ短く切った一区切りを「文節」と言う。また、「文節」を、「意味がわかる範囲で、できるだけ細かく区切った最小のまとまり」と定義することもある。下記に示した「原文」と「文節」とを比較して見ましょう。

①「原文」の場合：明日、会議が　ある。　時間は　まだ　わからない。

文を「文節」に区切るには、下記のように、「ネ」や「サ」を入れて発音してみても不自然にならない箇所を探すとよい(「ヨ」でもよい)。そこが、文節の切れ目となる。その際、「ネ」を入れられるところを見落とさないように注意してほしい。というのも、文節に区切るときは、できるかぎり短く区切らなければいけないのである。

②「文節」に区切った場合:明日(ネ・サ)、会議が(ネ・サ)　ある(ネ・サ)。
③「文節」に区切った場合:時間は(ネ・サ)、まだ(ネ・サ)、わからない(ネ・サ)。

文節をさらに細かく区切って、言葉の意味を失わない程度にまで分けたものが「単語」である。一つの文節のなかに単語が二つ以上ある場合もあれば、一つだけの場合もある。上にも述べたように、単語は、最小の言葉の単位である。

注釈

「秋の風」という言葉は、「秋」+「の」+「風」というように、三つの単語に分けることができる。しかし、「絵の具」「菜の花」「竹の子」は、それぞれが一つの物の名前であるから、単語としてはそれ以上に分けることができない。また、「作り出す」「食べ始める」などのような言葉も一つの単語として考える。このように、二つ以上の単語が合わさって、一つになった語を「複合語」と言うのである。(「菜の花」はあくまでも、一つの単語であることに注意すべきであろう。「菜」「の」「花」と分けない。)

3-5. 単語

「単語の条件」のところで述べたように、単語とは意味をもつ言葉で、これ以上分解できない最小単位を言う。例えば、先程の「 明日　太郎は　学校へ　行くね。」という文であるが、これを単語で区切って見よう。

文	○明日　太郎は　学校へ　行くね。
単語	○明日/太郎/は/学校/へ/行く/ね。

このように一つ一つ区切ってみると、どれが単語であるかが認識される。ここで「明日」という言葉について調べてみると、「明日」は「明」と「日」が２つ結合したことで、初めて「明日」という意味を持つことができる。つまり明日は「明/日」とすると意味が変わってしまうので、「明/日」とすることはできない。

第4章.

品詞分類の方法

第4章. 品詞分類の方法

4-1. 品詞分類の方法

品詞の分け方には、大きく分けて三つの方法がある。＜表1＞に示した、文法的な分類方法・意味的な分類方法・形態的な分類方法がそれである。日本語においては、さまざまな品詞分類が試みられている。＜表2＞では品詞の種類を表わしたものである。具体的には、自立語か付属語か、活用の有無、各自の品詞が意味を持っているかいないか、活用の形態といった特徴によって以下のように分類する。その単語は、一定の意味をもちながら、文のなかで一定の語形のもとで一定の役割(働き・機能)をはたしており、名詞・動詞・形容詞・形容動詞・副詞・接続詞・終助詞などがある。

分類の基準となる文法的な性質・語彙的な性質は、どのような語形変化をするか、また文のなかで単語と単語・連語・慣用句がどのように組み合わさるかといった問題が浮上して来るが、以下、このような語彙的な側面・文法的な側面に注目しつつ品詞分類について考えてみよう。

＜表1＞品詞分類の方法

方法	条件	用例
文法的な分類方法	①文のなかでどういう働きをするのか ②単語と単語とがどう結合するのか	日本語の形容詞は名詞の前に付くので、「高い山」においての「高い」や「高い服」においての「高い」は形容詞である。
語彙的な分類方法	その単語がもつ大まかな意味	動詞は動作・変化を表わす単語であるので、「走る」や「死ぬ」は動詞である。
形態的な分類方法	①その単語自体の形 ②どのような形態素が付くか	日本語の形容詞は文の終わりで言い切るときに「い」の音で終わるので、「山は高い。」での「高い」や「秋の空は青い。」での「青い」は形容詞に分類される。

4-2. 品詞分類の種類

日本語においては、さまざまな品詞分類が試みられている。＜表1＞は、学校文法における品詞分類に従って種類を表わした場合である。その品詞の分け方は、自立語か付属語か、活用の有無、各自の品詞が意味を持っているかいないか、活用の形態といった特徴によって以下のように分類する。

＜表1＞品詞の種類

<table>
<tr><th></th><th>意味関係</th><th colspan="2">品　詞</th><th>活用有無</th></tr>
<tr><td rowspan="3">自立語</td><td rowspan="3">意味を持った単語</td><td>体言</td><td>①名詞・(代名詞)</td><td>・名詞は曲用する
・活用しない</td></tr>
<tr><td rowspan="2">用言</td><td>②動詞・③形容詞・④形容動詞</td><td>・活用する</td></tr>
<tr><td>⑤副詞・⑥連体詞・⑦接続詞・⑧感動詞</td><td>・活用しない</td></tr>
<tr><td rowspan="2">付属語</td><td rowspan="2">意味を持たない単語</td><td rowspan="2">用言</td><td>⑨助詞</td><td>・活用しない</td></tr>
<tr><td>⑩助動詞</td><td>・活用する</td></tr>
</table>

1)「代名詞」は、学校文法の品詞分類のなかでは、名詞の一つとされているが、学校文法以外にまで視野を広げると、名詞の一部とするかどうか依然として意見が分かれている。

2)「数詞」は、学校文法の品詞分類のなかでは、名詞の一つとされているが、学校文法以外にまで視野を広げると、名詞の一部とするかどうかは依然として意見が分かれている。

3)「助詞」と「助動詞」の区別の仕方は、「活用するのが助動詞」「活用しないのが助詞」である。

※「曲用」とは、名詞の格変化をいう。

4-3. 品詞の機能

品詞の機能(働き)は、「文の成分(主語・述語・補語・規定語・修飾語・独立語)・意味構造(仕手・受け手・運動・性質・状態・様子・程度)・機能構造」のような特徴のもとで、単語は、それが属するべきものと見なされる品詞に分けられる。

＜品詞の機能＞

品詞	文の成分	意味構造	機能構造
名詞	主語	仕手(持ち主・所有者)	述べられ・指しだし
	補語	受け手	補い
動詞	述語	運動	述べ・締めくくり
形容詞	規定語	性質・状態	決め付け
副詞	修飾語	様子・程度	決め付け
接続詞 感動詞	独立語	(分担しない)	独り立ち

単語は、文を組み立てる構成要素であり、したがって、これを文の構造から切り離したうえで、品詞分類するということは不可能である。というのも、単語が文の構造に参加した結果、その単語の語彙・文法的な性質に変化が生じ、品詞の転成という現象がおこるからである。

例えば、「生きる」は、動詞であり、文の構造のなかで述語の位置に示されるのが一般的である。けれども、この動詞がひとたび主語の位置に示されれば、動詞の語彙的な意味特徴は＜モノ＞化され、名詞としての意味が派生する(例:生きる　こと　は　苦しい)。この現象が「品詞の転成」である。このような働きにあっては、その単語は主語の意味構造と機能構造を担わされることとなる。

次の文の構造に注目してほしい。

＜文の構造(動詞)＞

・社長は　社員の前で　話す。		・社長の話は　社員たちを　感動させた。 ・社長は　皆さんに　話すのが　好きだ。	
分割構造	述語	主語	補語
品詞	動詞	(動詞派生の)名詞	動名詞
意味構造	運動	性質の持ち主	運動の受け手
機能構造	陳述・言い終わる	述べられ・指し出し	補い
語彙的な意味特徴	運動	事	事

こうした品詞の転成現象は、ほかの部分でも観察できる。次の例文で、形容詞が副詞に転成する様子に注目してほしい。

＜文の構造(形容詞・形容動詞)＞

・海女(あま)は　深い　海に　入った。 ・その　有名な　人が　来ました。		・海女(あま)は　海に　深く　入り込んだ。 ・その人は　有名に　なった。
分割構造	規定語	修飾語
品詞	形容詞	(形容詞派生の)副詞
意味構造	モノの特性	運動の様子
機能構造	連体形	(連用)決め付け
語彙的な意味特徴	特性	様子

第5章.

文の成分

第5章. 文の成分

5-1. 文の成分とは何か？

単語と単語とが組み合わさり文を構築する場合、それぞれの単語は、一定の成分を表わすのである。文を構成する成分は、主語と述語とで一組になっているが、文はいくつかの成分から組み立てられている。

「文の成分」には、「主語・述語・対象語・修飾語・状況語・規定語・接続語・独立語」などがあって、それぞれ異なった働きをなす。なかでも主語と述語は、とりわけ重要な文の部分である。まず、下記のように、文は基本的に、「何が(誰が)」にあたる部分と、「どうする」や「どんなだ」「何だ」「ある(いる)・ない」にあたる部分のように、つまり、主語と述語とに大別される。この関係からみた文の組み合わせをどう見るかは、さらに四つに大別される。この四つは、述語のかたちによって分けられる。下に掲げた表＜**文の基本的な型**＞を参照されたい。

学校文法では、文は物事や出来事を表わしている部分(主部・主語)と、それについて述べたり、説明したりしている部分(述部・述語)からできている。主語は、普通「名詞＋が」「名詞＋は」のかたちをしている。下記の用例のように、「～さえ」「～まで」などの単語が付いていても、主語となることがある。例えば、

○ 運動会に　雨さえ　降ってきた。

○ 船旅(ぶなたび)の途中で　風まで　吹いてきた。

上記の用例で、主語がどうかは、それらの単語を「が格」に変えてみるとよい。「が格」に

変えても意味が通るときが「主語」なのである。

○運動会に　雨さえ　降ってきた。

→　○運動会に　雨が　降ってきた。

○船旅(ぶなたび)の途中で　風まで　吹いてきた。

→　○船旅(ぶなたび)の途中で　風が　吹いてきた。

＜文の基本的な型＞

主語	述語	述語の型	例
1)何が(は)	どうする。(型の文)	動詞	・犬が　走る。
2)何が(は)	どんなだ。(型の文)	形容詞・形容詞動詞	・山は　高い。
3)何が(は)	何だ。　(型の文)	名詞＋付属語	・これが　学校だ。
4)何が(は)	ある・ない(型の文)	存在を表わす言葉	・車が　ある。

1)何が(は)　・・・どうする型の文

意味	述語を示す品詞が、動詞で表わされる場合は、「動詞述語文」という。
用例	◯父親が　会社に　行く。 ◯陸上選手が　運動場を　走る。 ◯子どもは　公園で　遊ぶ。 ◯桜が　咲いた。

2)何が(は)　・・・どんなだ型の文

意味	これは述語を「どんなだ」のような、形容詞・形容動詞で表わす場合である。述語を示す品詞が、性質や状態を表わす形容詞や形容動詞である場合は、「形容詞述語文」という。
用例	◯秋の空は　高い。 ◯競技場は　広い。 ◯講義室は　静かだった。 ◯会議場は　和(なご)やかだった。

3)何が(は)　・・・何だ型の文

意味	これは述語を示すものが、「名詞＋助動詞」のようなかたちで表わされる場合である。例文からも知られるように、文末を「名詞＋だ(です)」のような形で表わされる場合は、「名詞述語文」という。

用例	○私は　ウナギだ。 ○冬の食べ物は　鍋だよね！ ○向こう側に　あるのが　東京駅です。 ○これが　バラの　花です。

4)何が(は)　・・・ある・ない型の文

意味	これは述語が「ある(ない)」のようなかたちで表わされる場合である。すなわち、存在を表わすような文となる場合である。
用例	○事務室に　係長(かかいょう)が　いる。 ○動物園には　パンダが　いる。 ○机の上には　鉛筆が　4本　ある。 ○ブラジルには　サンバが　ある。

5-2. 主語と述語

5-2-1.主語とは何か？

「何が(誰が)」にあたる文節を主語と言う。主語は、文の主題や動作の主体を表わす。主語となる文節は「〜が」の形だけでなく、「〜は」「〜も」など、さまざまな形をとる。なお、日本語の文では、主語が省略される場合も少なくない、ということに留意しておきたい。

○春は　菜の花が　咲く。

〇15日には　満月が　出ます。

〇私は　大学生です。

〇秋空は　青いです。

5-2-2.述語とは何か？

文の成分のなかで、「述語」は人やモノの動き・状態・存在・性質などを表わす。その動きや状態や性質の持ち主を表わす文の成分は主語である。その主語は、一般的に名詞で示される。

〇学生は　学校に　行く。

〇陸上選手が　運動場を　走る。

〇受験生が　試験を　受けて　いる。

〇秋には　青空が　高い。

〇富士山で　見る　ご来光は　きれい。

〇北海道の　寿司は　美味(おい)しい。

〇公園の彫像は　犬だ。

〇トマトは　野菜です。

5-3. 対象語

対象語は、述語にかかっていて、動きや状態が成り立つために必要な人やモノを表わしている。要するに、動詞による働きの対象を指す。具体的には以下のような例が挙げられよう。

1)働き掛けを受ける対象

◯花子は　生け花を　飾って　いる。

◯四郎は　スマホを　壊した。

◯学校の　上級生は　いつも　下級生を　いじめる。

2)作り出す対象

◯そば屋さんが　生(き)そばを　打っている。

◯お姉ちゃんが　セーターを　編んで　いる。

◯パン屋さんが　カステラを　作る。

◯大工(だいく)さんが　建物を　建てて　いる。

5-4. 修飾語

修飾語とは、出来事の内容を詳しく表わすべく、動詞や形容詞で示された述語の前に置かれる部分を指す。その機能は、その様子や程度を付け加えて、文の内容を拡大することにある。したがって短いものは副詞、やや長いものは「名詞＋助詞」という形で示される場合が多い。

◯長崎の　カステラは　なかなか　うまい。

◯山中伸弥(やまなかしんや)は　まじめに　研究して　きた。

◯北海道の　冬は　ばかに　寒い。

○子どもは　学校へ　自転車で　行った。

5-5. 状況語

状況語は、出来事やありさまの成り立つ状況を述べるべく、時や場所、原因や目的を示して、文を拡大する文の部分をいう。

○田中耕一先生は　今日も　研究に　没頭する。

○明日のために　今日も　懸命に　頑張るぞ！

○午後　社長室で　会議が　ある。

○寝ている　あいだに　雨が　降ってきた。

○ケガをしたので　病院に　行った。

5-6. 規定語

規定語とは、基本的には、修飾の働き(特徴の付与)と決め付け(モノの限定)の働きの二つの働きを持つ連体修飾語をいう。規定語には、修飾の働きかけの規定語と、決め付けの規定語とに大別される。

○小さな　秋田犬が　大きな　狼を　追い払った。

○故郷の　秋田には　広い　平野が　ある。

○歴史は　おれの　得意な　科目だ。

5-7. 接続語

語と語、句と句、文と文とを接続に用いられ、あとに述べられる事柄が、前に述べられた事柄と、どのような関係にあるかを示す言葉。

○この品は　安い　けれども　長持ちする。

○天気が　悪い。 しかし、遠足は　行く。

5-8. 独立語

独立語は、文のなかで、他の文の部分と直接結び付かない文の部分を表わすものである。主に、感情・呼びかけ・受け答え・あいさつ・かけ声などを表わす。このような意味合いを表わす単語は、主語・述語・修飾語・被修飾語といった文の主要な構造とは関係なく言い表わすことができる。

1)感情を表わす場合

:驚きや・悲しみ・喜びを表わす場合

○おやっ、変だぞ。

○まあ、きれいな桜ですね。

○やあ、久しぶりですね。

○おっと、危ない。

○あっ、大変だぞ。

○ああ、いい天気だわ。

2)呼びかけを表わす場合

○もしもし、鈴木先生ですか。

○おおい、学生諸君、こちらを　見てよ。

○こら、待てっ！

○ちょっと、お母さん。

3)受け答えを表わす場合

:相手に対する受け答えを表わす事例を列挙しておきたい。

○はい、分かりました。

○いいえ、分かりません。

○ええ、そうです。

4)あいさつを表わす場合

:あいさつの気持ちを表わす場合

○こんにちは、いい天気ですね。

○さようなら。

○失礼！

5)かけ声表わす場合

:自然に出て来るかけ声を表わす場合。

○よいしょ

○どっこいしょ。

○それ、いけ。

○そら。

第6章.

品詞

第6章. 品詞

6-1. 品詞とは何か?

品詞とは、単語を文法上の性質・機能・形態・意味などを表わす根拠にもとづいて分類した結果を指す。単語は、文を構築できる構成要素である。この単語は、1)意味、2)形の作り方(変化の仕方)、3)文のなかでの役目(働き)にしたがって、品詞の分け方はいろいろと考えられるが、日本語文法にあって常用されているのは、名詞・動詞・形容詞・副詞・連体詞・接続詞・終助詞・感動詞などにわかれてゆく。こうした単語の種類を「品詞」と称する。

名前や数の単語は、「牛・猫・車・船・父・兄・曜日・時間・数量・数…」のような単語を用い、これらを名詞という。動きや働きを表わす単語は、「行く・帰る・食べる・割る・乾く・ある…」のような単語を用い、これらを動詞という。そしてまた、性質や状態を表わす単語は、「高い・早い・青い・有名だ・きれいだ・丈夫だ…」のような単語を用い、これらを形容詞・形容動詞という。

6-2. 品詞分類の条件

単語は、その語の有している意味や形や働きによって、いろいろな種類に分けることができるが、意味で分ける方法や単語の形で分ける方法がある。単語を種類ごとに分けるのには、およそ以下のような三つの理由が挙げられよう。

1)単語ごとに意味の違いがあるが、活用する単語としない単語(語尾変化をしない単語)がある。例えば、活用する単語である動詞は、動きや状態の変化、存在などを指し示している。一方、活用しない単語である名詞は、人やモノや生き物、時間、場所などを指し示している。

2)形の作り方(変化のしかた)に違いがある。具体的には単語には語形変化があり、動詞の場合は「活用(語尾変化をする単語)」、名詞の場合は「曲用」という。例えば、「読む」という動詞が「読まれる・読ませる・読める」と立場を変えるように、もとになる立場の動詞は、いろいろな形態の動詞に変化する。ところが、形容詞にはこうした事象が動詞ほど明瞭には認められない。また、動詞には、勧誘(誘いかける)形や命令形があっても、形容詞には見当たらない。

3)文の成分からみて分類する方法として、単語の役目(働き・機能)に違いがある。名詞は、文のなかで主語・対象語・状況語となるが、動詞の場合、その主な役目は述語になることである。

第7章.

名詞

第7章. 名詞

7-1. 名詞とは何か？

名詞は、モノ・人・生き物・場所・事柄・時(とき)を表わす単語である。自立語で主語になることができ、曲用(名詞の格変化のこと)する。この名詞は、＜運動のし手＞あるいは＜性質の持ち主(所有者)＞という意味構造と＜補う＞という機能構造を分担する補語になることを基本的な役目とする。

名詞は、一般的に、「に・で・へ・と・を・から・まで・の・も・だ・です)などと結合し、文の構造を構築する構成要素として文に参加し、主語(が格、は)・述語(だ・です)・対象語・規定語・状況語などを表わすことができる。

○父は　まず　メガネを　外(はず)した。

○トンボが　盛んに　秋空を　飛んでいる。

○堀田道夫は、ベンチで　新聞を　読んでいる。

○歌の　掲載の　順序は　歌が　製作された　時の　順序に従った。

○私は　富士山も　のぼった。

○田中は　日本の　首相だ。

○田中氏は　日本の　首相です。

また、人や物の動きや状態・性質などを指し示す単語の場合でも、格助詞と結合し、名詞としての働きを示し得る。具体的には以下のような例が挙げられよう。

◯選手の　走りが　よくない。
◯母は　赤ちゃんの　歩み(あゆみ)を　みて　喜んだ。
◯津波の　高さが　高く　なって　くるぞ。
◯ゴーヤーの　苦み(にがみ)が　夏の　元気の　素(もと)！
◯花と　みどりで　未来を　つなぐ。

7-2. 名詞の種類

名詞は、一般的に普通名詞(具体名詞・抽象名詞)・固有名詞・数詞に分かれる。

7-2-1.具体名詞

1)モノ：机・自動車・鉛筆・靴・帽子・服・砂・水・鍋・柱・鞄
2)人　：大人・社長・医者・学生・太郎・男・外国人・農夫・猟師
3)身体の部分：手・足・頭・耳・顔・鼻・髪・腎臓(じんぞう)
4)動物：牛・犬・猫・猿・ツバメ・さかな・みみず・なまず・蛇・ふくろう・鹿
5)植物：バラ・松・草・大根・キュウリ・トマト・松茸(まつたけ)・稲・柳

6)植物の部分:根・幹・枝・葉・花
7)人の動き:登山・遠足・体操・マラソン
8)現象:音・光・風・雨・雷・色
9)状態:居眠り・地震・山崩れ・夕焼け

○彼とは　小学校で　机を　並べて　勉強した　仲だ。
○大人に　なったら　何に　なり　たいの。
○手の　しびれの　原因は　いろいろと　考えられます。
○牛の　レバ　刺しも　販売禁止に/来月　1日から。
○バラの　病気に　ついての　説明です。
○木の　枝を　モチーフにした　本棚。
○クレヨンしんちゃん「遠足で　山に　登るゾ。」
○「風が　吹けば　桶屋が　儲かる」という　話が　ある。
○木材生産地の　土砂　崩れが　原因と　なっています。

7-2-2.場所名詞

1)建造物:運動場・駅・飛行場・道・庭・台所・玄関・浜・麦畑(むぎばたけ)
2)自然:空・海・山・池・川・湖
3)動物や植物の部分:耳・花・髪・足・腕・幹・葉・根
4)組織:学校・会社・国家・共和党・国会・病院・組合・

○生徒が　運動場を　走り回る。
○空は　高く　風は　歌う。
○耳の　中に　超小型　イヤホン。

○学校とは、教師が計画的・継続的に教育を行う機関のことである。

7-2-3.抽象名詞

1)動作・作用:勉強・研究・アルバイト・競走・食事
2)物の変化:増加・衰え・発生・値上がり
3)性質・状態:赤・青・黒・よい・冷たい・丸い・高い・ 金持ち・貧乏・健康・病気・夕焼け・曇り・明るさ・居眠り
4)状態:病気・明るさ・貧乏
5)精神:知識・心配・冷静・気迫・意識
6)言語活動と関係:うわさ・評判・ニュース・印刷物・歌・手紙・記号・印・名前
7)心に関係:思想・不満・気持ち・恐れ
8)関係:因縁(いんねん)・原因・代理・関係
9)方角・位置:右・上・横・東・中
10)時間:年・月・日・時

○頭が　良くなる　勉強の　仕方とは　努力を　無駄に　しない　勉強法の　ことです。
○応募者の　増加で　競争が　激しく　なった。
○何て　美しい　夕焼け　だろう。
○目の　病気の　解説と　治療方法。
○日々　新しい　知識を　得る。
○あの　小説は　評判の　高い　作品である。
○人間の　思想(ソフトウェア)を　誤作動(ごさどう)させる「思想のウイル

ス」というのが　ある。

◯「先祖の　因縁は　いろいろな　相(そう)に　現れる」と　その　宗教家は　語った。

◯右の　背中の　痛みは　胆道疾患(たんどうしっかん)から　来る　場合が　多いそうです。

◯生まれ年　ワイン　格安　&(アンド)　即(そく)　お届け。

7-2-4.固有名詞

1)山の名前：富士山・阿蘇山(あそさん)・筑波山・三原山・浅間山

2)河川の名前：荒川(あらかわ)・墨田川・黒部川(くろべがわ)・信濃川

3)地方自治体の名前：神奈川県・埼玉県・宮城県・新潟県・長野県・奈良県

4)町の名前：新宿・高田馬場(たかだのばば)・大手町・代々木・原宿・青山・上野・品川・池袋

5)国の名前：日本・米国・英国・韓国・中国・フランス・トルコ・カナダ

6)人の名前：太郎・花子・田中・鈴木・高橋・木村・佐藤

◯全国の新幹線を写真と動画でご紹介しています。

◯富士山が　見える　宿で　心ゆくまで　ご堪能(たんのう)下さい。

◯荒川は、埼玉県　および　東京都を　流れ　東京湾に　注ぐ河川(かせん)である。

◯神奈川県は関東地方の　南西部に　位置する　県。

◯新宿のホテルの　宿泊プランを　旅行会社8社から最安値検索(さいやすねけんさく)した。

○北欧にはなぜ、日本に沢山(たくさん)いる「寝たきり老人」がいないのか？

○太郎は　花子に　花を　プレゼントした。

7-2-5.数詞名詞

1) 1、2、3、4、5、6、7、8、9、10

2)一つ・二つ・三つ・四つ・五つ・六つ・七つ・八つ・九つ・十

3)人数を数える場合：一人・二人・三人・四人・五人・・・

4)牛・猫・虫・魚などを数える場合：一匹・二匹・三匹・四匹・五匹・・・

5)本・ノートなどを数える場合：一冊・二冊・三冊・四冊・五冊・・・

6)鉛筆・びん・木などを数える場合：一本・二本・三本・四本・五本・・・

7)紙・服・着物などを数える場合：一枚・二枚・三枚・四枚・五枚・・・

8)靴・下駄(げた)・靴下などを数える場合：一足・二足・三足・四足・五足・・・

9)機械・乗り物などを数える場合：一台・二台・三台・四台・五台・・・

10)家を数える場合：一軒・二軒・三軒・四件・五軒・・・

11)スーツ・オーバーなどを数える場合：一着(ちゃく)・二着・三着・四着・五着・・・

12)山など高さの場合：1合目・2合目・3合目・4合目・5合目・・・

第8章.
格助詞

第8章. 格助詞

8-1. 格助詞とは何か？

格(Case)は、主として体言について、その名詞を含む句が持つ意味的・統語的な関係を示す標識の体系であって、名詞の語形を決める文法的なカテゴリーの一つである。格とは、意味ではなく、一つの標識であり、その呼び名であるが、他の言語と比較することはできない。(注、格助詞の「格」という意味は、単語どうしの関係という意味のことである。)

また格とは、名詞の形を変えること(曲用)によって、主語・目的語といった統語的関係や、行為の行なわれる場所・物体の所有者といった意味的関係をその名詞を含む句が持っていることを表わすマークである。(注、曲用(きょくよう・Declension)とは、名詞の語形変化で表わされる文法的なカテゴリーを指す。)

次の文のなかで、どこにどのような「格助詞」を入れるかによって、文の構造や意味合いがまったく違ったものになるのである。

例えば)ニワトリ(鶏) ◇ 餌(えさ) ◇ 食べる。

名詞	格助詞	名詞	格助詞	動詞
ニワトリ	◇	餌	◇	食べる
ニワトリ	が	餌	を	食べる
ニワトリ	を	餌	に	食べる
ニワトリ	と	餌	を	食べる
ニワトリ	の	餌	を	食べる
ニワトリ	を	餌	が	食べる

格助詞の種類は、主語を表わす「主格」の「が」、連体修飾語を表わす「連体格」の「の」、連用修飾語を表わす「連用格」の「に・へ・で・を・と・から・より」、並立語を表わす「並立格」の「の・に・と・や」、準体言を表わす「準体助詞」の「の」のような種類がある。

8-2. 格助詞の種類

8-2-1.「主格」の場合

1)「が」の場合

文のなかで、「が」がつく単語は、主語になることができる。

○北海道の　馬が　走る。

(「馬が」は、「走る」という動作行為を表わす主語である)

○東京には、富士山の 見える　東京タワーやスカイツリーがある。
(「富士山の」は、「見える」という動作を表わす主語である)

上記の二つの用例を比較した場合、「の」は部分の主語(複文のなかでの主語)を表わすが、これを「が」に置き換えることもできる。

8-2-2.「連体格」の場合

1)「の」の場合

文のなかで、「の」がつく単語は、連体修飾語となることができる。

○ピカソの　絵は　本当に　高い。

8-2-3.「連用格」の場合

格助詞のなかで「連用格」は、「に・へ・で・を・と・から・より」があり、主に連用修飾となるのである。

1)「に格」の場合

「に格」は、いろいろな動詞と組み合わさり、その名詞は「場所・到着」「時間」「変化した結果」「動作の目的」「相手側」「感情や心理的な対象」「存在や状態」などを表わす場合がある。

① 場所・到着を表わす

○出張で　東京に　行く。

○学生が　自宅に　帰る。

○バスが　ターミナルに　着きました。

②時間を表わす

○今朝は　７時に　起きた。

○教会へは　日曜日に　行く。

○みんな　未来に　向けて　走ろう。

③変化した結果を表わす

○水が　湯に　なる。

○子どもが　大人に　なる。

④動作の目的を表わす

○図書館へ　勉強に　行く。

○会社へ　アルバイトに　行く。

⑤相手側をを表わす

○監督は　選手に　注意した。

○子どもは　両親に　こづかいを　もらった。

⑥感情や心理的な対象を表わす

○私は　弟の　行動に　頭に来た。

○日光の　景色に　感動した。

⑦存在や状態を表わす

○吉田さんは　自宅に　車を　二台　持っている。

○空港に　飛行機が　止まって　いる。

○彼は　いまも　会社に　勤めている。

⑧帰着する場所を表わす

○やっと　富士山の五合目(ここうめ)に　到着した。

○どこに　行きますか。

注釈

「に格」名詞が、受身文と組み合わさった場合は「動作主」を表わし、使役文と組み合わさった場合は「動作の対象」を指し示すのである。

○太郎は　先生に　ほめられる。(動作主)

○重荷は　馬に　運ばせる。　(動作の対象)

2)「へ格」の場合

「へ格」は、動詞のなかで、特に「移動動詞」と組み合わさり、その名詞は「場所」「帰着する場所」などを表わす場合がある。

①場所を表わす

○太郎は　学校へ　行く。

○太郎は　東京へ　近づく。

②帰着する場所を表わす

○やっと　富士山の五合目（ここうめ）へ　到着した。

○どこへ　行きますか。

3)「に格」「へ格」の比較

動詞のなかで、特に移動動詞が、「に格」と「へ格」の名詞と組み合わさる場合は、その格助詞の使い分けの区別はほとんどないようである。移動動詞と「に格」や「へ格」名詞とが組み合わさり、「移動性の意味的な関係」を表わす場合を想定してみよう。

1) ○太郎は　学校に　行く・来る。

　○太郎は　学校へ　行く・来る。

2) ○太郎は　学校に　近付く・近寄る。

　○太郎は　学校へ　近付く・近寄る。

3) ○太郎は　学校に　入る・出る。

　○太郎は　学校へ　入る・出る。

4) ○太郎は　学校に　到着する。

○太郎は　学校へ　到着する。

上記の八つの例文に表わしたように、「行く・来る」「近付く・近寄る」「入（はい）る・出る」「到着する」のような移動動詞では、「に格」と「へ格」名詞とを自由に入れ替えられるということがわかるだろう。

「に格」の場合は、「に格の意味・用法」で表わしたように、「時間・変化した結果・動作の目的・相手側・感情や心理的な対象・存在や状態」のように、いろいろな意味合いを表わしている。しかし、「へ格」の場合は、「場所」「帰着する場所」という意味合い以外はない。この二つの格助詞の働きを比較したかぎり、「に格」の場合はいろいろな意味合いを表わすことができるが、「へ格」の場合は、「場所」「帰着する場所」という意味合いを表わす例しかないのである。このような点から見て、「に格」の意味合いの領域は広いが、反面「へ格」の意味合いの領域は狭いということがわかる。また「に格」の意味合いの領域に、「へ格」の意味合いの一部が入っているように見受けられる。

4)「で格」の場合

「で格」は、いろいろな動詞と組み合わさり、その名詞は「場所」「道具」「材料」「原因」などを表わす場合がある。

①場所を表わす場合

「走る・読む・寝る」のような動詞によって、動作が行われるある場所を指し示す場合である。

○太郎が　運動場で　走って　いる。

○学生が　机の下で　本を　読んで　いる。

○子どもが　母のそばで　寝て　いる。

②道具を表わす場合

「食べる・出来る・来る」のような動詞によって、動作が行われる道具もしくは手段を指し示す場合である。

○昔、海外滞在中に、指揮棒で　ラーメンを　食べた ことが　ある。

○実は　この　お花、ペーパーナプキンで　出来て　いる。

○日本に　来るとき　船で　来ました。

③材料を表わす場合

「作る」のような動詞によって、何で作られたかのような、具体的な材料を指し示す場合である。

○うどんは　小麦粉(こむぎこ)で、そばは　そば粉(こ)で　作る。

○餅は　餅米(もちごめ)で　作りました。

○衣料から　医療へー　シルクで　創る　人工血管。

④原因を表わす場合

「死亡する・欠航する・痛い」のような動詞、もしくは形容詞によって、何でそのようになったのかのように具体的な原因を指し示す場合である。

○東北地方　太平洋沖　地震で　死亡した　人物。

○台風や　大雪で　飛行機が　欠航！

○風邪で　喉が　痛いときに　適した　食べ物や　飲み物は？

5)「を格」の場合

「を格」は、いろいろな動詞と組み合わさり、その名詞は「通過(経過)する場所」「動作の目的物」「動きの起点になる場所」などを表わす場合がある。

①通過(経過)する場所を表わす

○生徒が　運動場を　走る。

○人々が　山を　歩く。

○車が　橋を　わたる。

○ランナー達は　チェックポイントを　まわった。

②動作の目的物を表わす

○大工さんが　建物を　作る。

○女房が　ご飯を　炊く。

○爆弾が　文化財を　破壊する。

③動きの起点になる場所を表わす

○父は　自宅を　出て　会社へ　行った。

○選手達は　日本を　発(た)って　ブラジルへ　向かった。

○平社員は　勤務中に　席を　外(はず)した。

6)「と格」の場合

「と格」は、いろいろな動詞と組み合わさり、その名詞は「共同の相手」「結果」「対象」「引用」や「並立」などを表わす場合がある。

①共同の相手を表わす

○花子は　太郎と ハワイへ　新婚旅行する。

②結果を表わす

○小池百合子議員は　東京都知事と なった。

③対象を表わす

○野川君は　久しぶりに　大学の同期生と 出会った。

④引用(文や文相当の語句を受ける)を表わす

○店員は　大きな　声で　「はい。」と 返事した。

⑤並立を表わす

○商社マンは　英語と 中国語(と)を勉強する。

7)「から格」の場合

「から格」は、いろいろな動詞と組み合わさり、その名詞は「起点」「経過」「手段・材料」「原因・理由」などを表わす場合がある。

①起点を表わす

○子どもは　家から　学校に　行く。

②経過を表わす

○泥棒は　窓から　侵入した。

③手段・材料を表わす

○パンは　小麦粉から　作られる。

④原因・理由を表わす

○太郎先生は　風邪から　肺炎を　引き起こした。

8)「より格」の場合

「より格」は、いろいろな動詞と組み合わさり、その名詞は「比較の基準」「限定」などを表わす場合がある。

①比較の基準を表わす

○寿司より 刺身が　好きです。

②限定(打ち消しの語をともない比較の基準)を表わす

○あきらめるより しかたがない。

8-2-4.「並立格」の場合

格助詞のなかで「並立格」は、「の・に・と・や」があり、名詞について並立語になりのである。

○食べるの　食べないの　はっきりしなさい。

○パンに　牛乳に　肉類を買った。

○リンゴと　梨(と)を　購入した。

○サルや　パンダを　見に　行こう。

8-2-5.「準体言助詞」の場合

格助詞のなかで「準体言助詞」は、「の」があり、名詞について体言と同じ資格を表わすことができる。このような働きをする助詞を準体言助詞というのである。この場合の「の」は、「もの(物)」「こと(事)」「のもの(の物)」と言い換えることができる。

○正月に　着物を　新しいのに　買った。

(「新しい モノ」に言い換えられる。)

○北島三郎(きたじまさぶろう)は　会社で 歌うのが　好きだ。

(「歌うコト」に言い換えられる。)

○この　かばんは 先生のだ。

(「先生のモノ 」に言い換えられる。)

第9章.

取り立て

第9章. 取り立て

9-1.「取り立て」とは何か？

「取り立て」とは、文のなかで一定の表現手段を用いて、どれかの文の部分が表わす物事に言及したり、注目したりすることを表わすことである。特に文の部分を強調(特に・特別に・格別に)して、他の同類の物事と照らし合わせて述べることを、文の部分の取り立てというのである。

取り立ては、単独で用いることはできず、副助詞(取り立て詞、取り立て助詞)として働いき、さまざまな語について、特別な意味合いを強調して付け加えることができる。

取り立て詞の種類は、次の「取り立て詞」の種類のところで示したように、「係り助辞」類と「副助辞」類の二種類がある。

「係り助辞」類は、格助詞「に・で・へ・と・を・から・まで・より」などと結合し、「には・にも・にこそ・にさえ…」のように、表わすことができる。

○太郎は　卒業式は　行った。
○太郎は　卒業式には　行った。(他の所には行かなかったが〜)
○太郎は　卒業式にも　行った。(他の所にも行ったが〜)
○太郎は　卒業式にだけ　行った。(他の所には関心がなくて行かなかったが〜)
○太郎は　卒業式にさえ　行った。(人の予想をこえて行動する)

「副助辞」類も、格助詞などと結合し、「にくらい・にのみ・にだけ・にほど・にばかり・になど・になんか…」や「くらいに・のみに・だけに・ほどに・ばかりの・などに・ばかりに・なんかに…」のように、「副助辞」と「格助」とに関しては順序を変えて、表わすこともできる。

〇太郎は　卒業式にだけ　行った。
〇太郎は　卒業式だけに　行った。
〇太郎は　卒業式にばかり　行った。
〇太郎は　卒業式ばかりに　行った。

また、「副助辞」類は、名詞と名詞との間につけて、「日本だけの　温泉」のように、「の格」を取り立てて作ることもできる。しかし、係り助辞類は、このような「の格」の取り立ての形式を作ることはできない。

9-2.「取り立て詞」の種類

主なものに、次のようなものがある。以下、助詞ごとに用法を説明しよう。「取り立て詞」は、係り助辞(第一種の取り立て助辞)と副助辞(第二種の取り立て助辞)とがある。係り助辞類は、格助詞「に・で・へ・と・から・まで・より」と結合し、「には・にも・にこそ・にさて……」のように表わすことができる。

〇太郎は　学校には　行った。

○太郎は　学校にも　行った。
○太郎は　学校にこそ　行った。
○太郎は　学校にさえ　行った。

しかし、副助辞の場合は、格助詞以外に、名詞につくこともできるという特徴がある。

○太郎は　学校さえ　行った。
○太郎は　学校ばかり　行った。
○太郎は　学校なんか　行った。

なお、ここに挙げた例文について想定される状況は、「太郎」が売れない商品をかかえて住宅街や市場をめぐり歩いた揚句、商行為とはほとんど無縁な学校にさえ赴いた行商人もしくは小売商である、ということが前提となる。この点、注意を要しよう。

また、副助辞の場合は、名詞と格助詞の間について、

○あれは　ですね。太郎だけの　本です。

のように、「の格」の取り立ても作ることができる。しかし、係り助辞類は、このような結合はできないのである。

取り立て詞の種類	取り立て詞
係り助辞(第一種の取り立て助辞)	は、も、こそ、さえ、しか、でも、すら、なんて
副助辞(第二種の取り立て助辞)	くらい(ぐらい)、のみ、だけ、ほど、ばかり、など、なんか

1)「は」の場合

「は」が、文のなかで取り立て詞として用いられる場合は、「ワ」と発音する。「～は」を含む事柄を、他の事柄と対比する意味を付け加える。

①同類の物事から、その物事を抜き出して強調する場合

○子どもが　欲しい　おもちゃは　この店には　なさそうだ。

○両替できる　銀行は　この町には　ないみたい。

②主語を表わし強調する場合

○太郎君は　運動会で　走っている。

○北海道は　冬になると　とても　寒い。

③数量名詞に「は」がついて、肯定表現の場合は、それより少なくないこと、否定の場合は、それより少ないことを表わす。

○昨日の　同窓会に　50人は　来たよ。

(50人より少なくないこと)

○本日の　説明会に　50人は　来なかったね。

(50人よりは明らかに少ないこと)

両者ともに話し手の主観であり、「よ」や「ね」など感情を表わす終助詞が添えられるという場合が多い。

④名詞について、否定の述語といっしょに使われると、それが全体でないことを表わす。

○会社員全体(は)参加しなかった。

(だれも参加してないことを表わす)

○そのメーデーに会社員全体は　参加した。

(参加したのが全員でないことを表わす。例えば会社員以外の職業の人々(例:公務員や自営業者)が参加しなかった場合など)

2)「は」と「が」の相違点

①一般的に、名詞・形容詞・形容動詞述語文では、「は」が主語になるのである。

○日本の　首都は　東京です。

○日本の　首相は　安倍晋三(アベシンゾウ)です。

○日本の　富士山は　高い。

○日本の　着物は　きれいだ。

②「だれが」「どなたが」「どれが」「何が」「どこが」のように、疑問詞

を主語に用いる場合は、「が」をつけて表わす。このように、疑問詞が主語に用いられる場合は、「が」だけが使用される。

○(一枚の写真を指しながら)この中のだれが　田中君ですか。

○どなたが　鈴木先生ですか？

○どれが　秋田犬ですか？

○何が　おかしいですか？

○どこが　痛いですか？

③上記の反対に、疑問詞や答えを表わす述語文を作る場合は、主語の位置には「は」で表わすのが一般的である。

○木村選手は　どうなったんですか。

○あの子は　さっき　食べました。

④歴史的な人物やまだ表れてない事柄を新しく主語に表わす場合は、「が」を用いる。

○古代ギリシアの哲学者である、ソクラテスが　いました。

○むかしむかしあるところに、おじいさんと　おばあさんが　住んでいました。

⑤文の種類のなかで、「複文」のなかで条件や規定を表わす文では、主語の位置には「が」で表わすのが一般的である。

○花子さんが　歌うなら　私も　歌う。

○雨が　降れば、　傘屋が　もうかる。

3)「も」の場合

「も」は、取り立ての表現として、多様な表現形式がある。

①他の事柄と同様に、この事柄が成立するという意味として、並立・付加を付け加えを表わす。

○太郎は　学生です。三郎も　学生です。

○地震が　ありました。津波の　心配も　あります。

②①の用法を含みながら文のなかで、二つ以上使われて、両者が両立する場合を表わす。

○北海道は　昨日も　おとといも　雪だった。

○テニス試合で　単式も　複式も　勝った。

③①の用法を含みながら文のなかで、文頭に用いて、話のなかで中心になることを表わす。

○あの　ことも　取り上げましょう。

④一つの数値や数量名詞について、程度の少なさを表わす。このとき、述語は否定の意味として、全部を否定することを表わす。

○松茸は　一つも　なかった。

○苦しいダイエットの結果　それでも　少しも　痩せていないのだ。

⑤他の特定のモノと同類であることを表わすのでなく、話のなか

で中心であることを表わす。

○お前も　大人に　なったね。

○彼女からの　便(たよ)りも　とだえた。

○娘も　もう　20歳だ。

⑥極端な例をあげて、言おうとすることがそこまで及ぶことを示す。

○一円　二円の　金(かね)も　使い惜しんだ。

○かれは　敵に　対しても　愛情を　もって　いる。

⑦疑問詞の「も」による取り立て形は、全部であることを表わす。

○私は　夏休み中に　どこへも　行って　おりません。

○津波の被害は　どこまでも　つづいて　いた。

○カラオケボックスで　だれも　歌わなかった。

4)「だけ」「ばかり」の場合

①名詞や動詞について、その物事の範囲を限定していることを表わす。

○うちのクラスだけ　完走しました。

(他のクラスは完走してない。)

○吉田君は　肉ばかり　食べます。

(肉以外のご飯、野菜、果物類は食べない。)

○子どもは　勉強はしなしで、テレビばかり　見ています。

②大体の数量のことを表わす。

○旅費は　残り　1万円だけです。

○参加者は　やっと　11人だけです。

○4〜5人の選手ばかりが　走(はし)っていた。

③動詞や形容詞などについて、大体の量や程度を表わす。

○飲みたいだけ　飲みました。

○この品は　持ちたいだけ　持って　いってね。

5)「こそ」の場合

名詞や動詞について、その物事を特に強調したいとき表わす。

○学生時代こそ　一生懸命に　勉強すべきである。

○来年こそ　ダイエットに　成功したい。

○寒い寒い北海道でこそ、冷たいアイスクリームを食べよう。

6)「しか」の場合

「しか」は、他の物事を否定することと「呼応」して、限定を表わす

○宿舎には　ラーメンしか　ありません。

○(相撲)力士は　ちゃんこ鍋しか　食べません。

○こづかいは　1000円しか　残っていない。

7)「など」の場合

①名詞や動詞などに付いて、他に同類のものなどを、例として表

わす。

○酒屋には　日本酒、ビール　焼酎(しょうちゅう)などが　ある。

○中間テストの科目には　英語、国語、数学などが　ある。

○中国旅行では　北京、上海、天津など　行った。

②軽くみる気持ちを表わす。

○お前などなんか　できやしないよ。

○宿題なんか　やらなくも　いいよ。

③軽い気持ちとして、断定を和らげるために用いることを表わす。

○お客様　果物など　どうですか。

○ありふれた　ドラマなどには　関心がない。

8)「でも」の場合

①名詞について、例示の意味や断定を和らげるために用いることもある。

○よろしければ　お茶でも　飲みませんか。

○そんなことなら　うちの　係長でも　できますわ。

②「疑問詞」について、その事柄を成立させるために、最低限のものであること表わす。

○できることなら　何でも　いいよ。

○豆腐を　切るぐらいのことなら　誰でも　できる。

③「でも」が表わす２）の用法として「だって」を用いることもできる。

○そんなことなら　子どもだって　できるよ。

○豆腐なら　歯がない　お婆さんだって　食べられる。

９)「まで」の場合

①名詞について、「他のものの他にそれが付け加わった」という意味(添加)を表わす。「範囲がそこまで広がった」という意味を暗示する。

○大雨のなか　強い　風まで　吹いてきた。

○地震の被害で　町全体が混乱していたが、そこへ　雨まで　降ってきた。

②名詞・動詞について、動作や状況が示す段階までに到達することを表わす。

○彼の中国語は読み書きだけじゃなく、話すことまで　できるようになった。

○患者さんは　回復し、おかゆまで　食べられるようになった。

○中国は　いまや　宇宙船まで　造ります。

10)「さえ」の場合

①添加の意味を表わします。多くの場合「ふつう起きないことが

起きる」という意味を暗示する。「〜でさえ」の形で表わす場合もある。

○携帯電話の火事の件は、　会長さえ　知らなかった。

○あのくらいの　問題は、幼稚園児(で)さえ　解けるよ。

②名詞について、それが表わす条件や成り立たせる最低限のものであることを表わす。

○この　道具さえ　あれば　何でも　できる。

○一郎選手さえいたら、このチームは日本一になる。

11)「くらい(ぐらい)」「ほど」の場合

①数量を表わす名詞について、大体の量を表わす。

○あと　残り時間　５分くらいです。

○あのくらいの　高さです。

○あそこまでには　二日ほど　かかります。

②だいたいの程度を表わす場合に使うこともある。

○そのくらいの　ことは　女性も　できる。

○リンゴくらいの　大きさが　いいです。

○野川君は　外山(とやま)君ほど　背が　高くない。

第10章.

動詞

第10章.動詞

10-1.動詞とは何か?(1)

動詞は、「運動・動作・動き・変化・状態・存在」などという語彙的な、名付け的な意味特徴を帯びた単語である。「し手の運動」という意味構造をもち、(述べて締めくくる)という機能構造を分担する述語になることを、その基本的な働きとする。また、主に疑問詞として、「どうする(した)・どうするだろう・どうしている(いた)」「どうしよう・どうしろ・どうしたか」といった形を取ることもある。

動詞は、基本的に運動を表わす。もうすこし詳しくいうと、運動のなかには、「動作」を表わすもの、「変化」を表わすもののほかに、「状態」、「存在」、「関係」を表わすものも含まれる。

動詞は、あるモノの動作(運動)・作用・状態・そのモノの存在などを表わす単語である。動詞は、活用する品詞として、形容詞・形容動詞とともに用言と呼ばれている。また、動詞は主語、目的語などの名詞句をとる単語であり、名詞とならんでほぼ全ての自然言語が持つとされる基本的な品詞である。実に「品詞の王様」と言っても過言ではない。そして動詞には、時制(Tense)・相(Aspect)・態(Voice)などのような文法的なカテゴリーによって、語形が変化する。

○牧場の　馬が　走る。　　　　　(動作)

○山頂の　石を　動かす。　　　　（作用）

○屋上から　山が　見える。　　　（状態）

○学校の　スーパーには　本が　ある。（存在）

10-2. 動詞活用の種類

日本の国立国語研究所（2004年版）の『分類語彙表』によると、動詞の数は（延べ個数：21、605/異なり個数：16、704）であると記されている。これら数多くの動詞は、自立語と活用することで、具体的には語幹と活用語尾のように区別されて、単語ごとにその活用のしかたを異にするが、大きくは①五段活用動詞、②上一段活用動詞、③下一段活用動詞、④カ行変格動詞、⑤サ行変格動詞の全部で５種類に分類されている。動詞の形（基本形）が、文のなかでの用いられ方によって、変化することを「活用」と言う。（ネット辞典をも含めて辞典はこの分類方式に従っている。なお、一部の日本語文法教科書では上一段と下一段とを合併し、かつ、カ変とサ変とを合併しているが、過度の簡略化は決して望ましいものとは思われない。本書ではやはり上記の五分類に準拠したい。）

<動詞活用の種類>

動詞の活用の種類	動詞の種類	説明
五段活用	買う・書く・話す・持つ・読む・	五十音図の「ア・イ・ウ・エ・オ」の五つの段にわたって活用する
上一段活用	見る・起きる・信じる・感じる	五十音図の「イ段」だけで活用する
下一段活用	出る・教える・食べる	五十音図の「エ段」だけで活用する
カ行変格活用	来る	一語だけの活用
サ行変格活用	する	～する(ずる)だけの活用

注釈

動詞のほとんどは、「五段活用・上一段活用・下一段活用」のいずれかの活用をするが、なかにはそれらのいずれの活用にもあてはまらない変則的な活用をするものもある。このような活用を変格活用と呼び、「カ行変格活用」と「サ行変格活用」の２種類がある。

*「重んじる」→重んじ(ない)、重んじ(た)、重んじる(とき)、重んじれ(ば)、… 一見すると、「重んじ」が語幹であるように思われる。しかし、それだと活用形によっては活用語尾がないことになるので、「重ん」までが語幹の部分であり、「じ」からが活用語尾の部分で

あると考える。「重んじる」は、ザ行「上一段活用」の動詞。類似の例として「信じる」「感じる」が挙げられる。

*「重んずる」→重んじ(ない)、重んじ(た)、重んずる(とき)、重んずれ(ば)、… よって、「重んずる」の語幹は「重ん」である。「重んじる」に類似しているが別語であり、こちらは「サ行変格活用」の動詞である。

両者はほぼ同義であるが、「重んじる」はより口語的であり、反対に「重んずる」のほうはより文語的である。「じ」が含む母音「イ」を好まない年配者が書面語として「重んずる」を用いることが多いように見受けられる。

10-3.学校文法の活用表

学校文法とは、現代日本語の学校教育において、国語教育の際に準拠している文法のことである。<表1>は、日本語の動詞を、五段活用動詞・上一段活用動詞・下一段活用動詞・カ行変格動詞・サ行変格動詞のように、学校文法に従って、それぞれ動詞の種類ごとに、どのように「活用」するかを表わした場合である。

ここで、「活用」というのは、日本語の品詞のなかで、動詞が述語として表わす場合、その動詞がもっている語形が、形を変えることである。このうち最後の「勧誘形」は、もとの動詞の意味によって勧誘というよりも推測の意味を帯びる場合も少なくないが(例:自動詞「降る」の勧誘形「降ろう」を用いた、「あした　は　雨が　降ろう」など)、ここではすべて「勧誘形」で統一したい。

<表1>学校文法の活用表・動詞

語尾	五段活用	上一段活用	下一段活用	カ行変化	サ行変化
①未然形	書か(ない)	起き(ない)	食べ(ない)	来(ない)	し(ない)
②連用形	書き(ます)	起き(ます)	食べ(ます)/食べ(た)	来ます	し(ます)
③終止形	書く	起きる	食べる	来る	する
連体形	書く(とき)	起きる(とき)	食べる(とき)	来る(とき)	する(とき)
④仮定形	書け(ば)	起きれ(ば)	食べ(れば)	来れ(ば)	すれ(ば)
命令形	書け	起き(よ/ろ)	食べ(よ/ろ)	来い	しろ
⑤勧誘形	書こ(う)	起き(よう)	食べ(よう)	来よう	しよう

10-3-1.五段活用動詞の例

語尾	「書く」動詞の語幹
①未然形	○先生に　手紙を　書かない。
②連用形	○先生に　手紙を　書きます。

③終止形 連体形	○先生に　手紙を　書く。 ○先生に　手紙を　書く　ときが　ある。
④仮定形 命令形	○先生に　手紙を　書けば、〜 ○先生に　手紙を　書け。
⑤勧誘形	○先生に　手紙を　書こう。

10-3-2.上一段活用動詞の例

語尾	「起きる」動詞の語幹
①未然形	○子どもは　はやく　起きない。
②連用形	○子どもは　はやく　起きます。
③終止形 連体形	○子どもは　はやく　起きる。 ○子どもは　はやく　起きる　ときがある。
④仮定形 命令形	○子どもが　はやく　起きれば、〜 ○子どもは　はやく　起きろ・起きよ
⑤勧誘形	○子どもは　はやく　起きよう。

10-3-3.下一段活用動詞の例

語尾	「食べる」動詞の語幹
①未然形	○花子は　焼肉を　食べない。
②連用形	○花子は　焼肉を　食べます。
③終止形 連体形	○花子は　焼肉を　食べる。 ○花子は　焼肉を　食べるときがある。

④仮定形 命令形	○花子が　焼肉を　食べれば、〜 ○花子は　焼肉を　食べろ・食べよ
⑤勧誘形	○花子は　焼肉を　食べよう

10-3-4.カ行変化活用動詞の例

語尾	「来る」動詞の語幹
①未然形	○学生は　学校に　来ない。
②連用形	○学生は　学校に　来ます。
③終止形 連体形	○学生は　学校に　来る。 ○学生が　学校に　来るとき、〜
④仮定形 命令形	○学生が　学校に　来れば、 ○学生は　学校に　来い
⑤勧誘形	○学生は　学校に　来よう

10-3-5.サ行変化活用動詞の例

語尾	「する」動詞の語幹
①未然形	○次郎は　勉強しない。
②連用形	○次郎は　勉強します。
③終止形 連体形	○次郎は　勉強する。 ○次郎が　勉強するとき、〜
④仮定形 命令形	○次郎は　勉強すれば、〜 ○次郎は　勉強しろ。

⑤勧誘形	○次郎は　勉強しよう。

10-3-6.「語幹がない動詞」の種類

日本語の動詞には、語幹と語尾に分かられ、活用する場合は、その語尾が変化するようになっている。しかし、語幹と活用語尾を区別することができない事例もある。次に挙げる動詞は、語幹と活用語尾の区別がない動詞である。これらの動詞は、未然形と連用形が一音（一字）だけしかないのが特徴である。他の動詞類と区別するために、「語幹がない」動詞と呼ばれることもある。いずれも五段動詞以外の他の4種類の動詞に見受けられる事象である。

活用動詞の種類	動詞の種類
五段活用動詞	*
上一段活用動詞	居(い)る・射(い)る・着(き)る・煮(に)る・見(み)る・干(ひ)る
下一段活用動詞	得(え)る・出(で)る・寝(ね)る・経(へ)る・
カ行変格活用動詞	来(く)る
サ行変格活用動詞	する

○あちらの　空き部屋に　居(い)るのは　誰ですか。

○着物を　着る　ときに　必要な　小物。

○インターネットで　収入を　得るための　方法。

○ダイエットのためには　寝る前は　食べ物を　食べない方がいい。

○毎日　遊びに　来る　子ども。

参考

＜学校文法の批判＞

1950年代の、鈴木重幸「学校文法批判 動詞論」を中心として、主として言語学研究会に所属する奥田靖雄をはじめとする多くの言語学者・日本語学者らから批判を受けた。また、学校文法改善のための具体的な提案として、言語学研究会の指導を受けた教育科学研究会・国語部会が1960年代以降刊行を続けている『にっぽんご』シリーズがある。現代日本語文法研究の発展や現代言語学的な見地の普及などもあり、学校文法の改善の必要性の認識は少しずつではあるが広まっている。

外国人教育など、日本語を母語としない人に対する（国語教育ではなく）「日本語教育」においては、学校文法をベースとした教育は行われておらず、このことは学校文法ないし、現在の国語教育の学校文法をベースとした教育法の限界を示すものとみなされている。しかしながら著者のこれまでの教学体験を通じていえば、連用形の一分枝として「て形（第２中止形）」や「過去形」を教えることで、非学校文法（主に日本および海外の日本語教育で用いられている系統）とのスムーズな接合も十分成し得るものと思われる。この点、関係者各位からの率直な御教示を仰ぎたい。

10-4. 動詞とは何か？(2)

1)動詞の基本的な語形変化

動詞は、文の述語になるだけでなく、従属節の述語になったり、また、述語以外の役をつとめたりもする。そういう場合の語形もふくめて、パラダイムを作成すると、下記のようなパラダイムを構築することができる。(Paradigmとは、それと知らずに私たちの思考や行動に影響を与える枠組み・規範。)

下の＜表1＞に示した動詞の活用類型のように、活用する自立語の形には、活用によって変化する部分と変化しない部分とがある。活用によって変化しない部分を「語幹」と言い、活用によって変化する部分を「活用語尾」と言う。活用語尾の変化のしかたは、単語によって異なる。

＜表1＞動詞の活用類型

活用種類	五段動詞	上一段動詞	下一段動詞	カ行変格動詞	サ行変格動詞
動詞の種類	書く	起きる	食べる	来る	する
未然形	書かない	起きない	食べない	来ない	しない
連用形	書きます	起きます	食べます	来ます	します
終止形	書く	起きる	食べる	来る	する
連体形	書くとき	起きるとき	食べるとき	来るとき	するとき
仮定形	書けば	起きれば	食べれば	来れば	すれば

命令形	書け	起きろ	食べろ	来い	しろ
勧誘形	書こう	起きよう	食べよう	来よう	しよう

この＜表2＞で示した動詞の基本的な活用表は、言語学のレーベルで幅広く使用されている表わし型である。このパラダイムの左上の、斜線の引かれた区画にカテゴリー名が記るされている。これにしたがって、機能、ムード(Mood)、テンス(Tense)、丁寧さ、認め方(肯定の仕方)の順に表わすことができる。

2)言語学での動詞の基本的な語形変化

動詞をより言語学的なレベルからカテゴリー化する場合は、次のように分けることができる。「機能」:終止形・連体形・中止形・条件形・譲歩形、「ムード(叙法)」:述べ立て形・誘い掛け・命令形、「テンス(時制)」:非過去形・過去形、「認め型」:肯定形式(認め形式)・否定形式(打消し形式)、「丁寧さ」:肯定形式(認め形式)・否定形式(打消し形式)のように分けることができる。

<表2>動詞の基本的な活用表

機能		ムード(叙法)		テンス	普通体の形式(普通体の動詞) 認め形式(認め動詞)	普通体の形式(普通体の動詞) 打ち消し形式(打ち消し動詞)	丁寧体の形式(丁寧体の動詞) 認め形式(認め動詞)	丁寧体の形式(丁寧体の動詞) 打ち消し形式(打ち消し動詞)
終止形	0	述べ立て形	断定形	非過去形	読む	読まない	読みます	読みません
				過去形	読んだ	読まなかった	読みました	読みませんでした
			推量形	非過去形	読むだろう	読まないだろう	読むでしょう	読みまないでしょう
				過去形	読んだ(だ)ろう	読まなかった(だ)ろう	読だでしょう	読まなかったでしょう
		誘い掛け		0	読もう	(読むまい)	読みましょう	読みますまい
		命令形			読め	読むな	読みなさい	0
連体形	0	0		非過去形	読む	読まない	(読みます)	(読みません)
				過去形	読んだ	読まなかった	(読みました)	(読みませんでした)
中止形	0	第1中止め			読み	読まず(に)	0	0
		第2中止め			読んで	読まないで	読みまして	読みませんで(いて)
		0			0	(読まなくて)	0	0
		並べ立て形			読むと	読まなかったり	(読みましたり)	(読みませんでしたり)
条件形		(バ -条件形)			読めば	よまなければ	(よみますれば)	0
		(ナラ -条件形)			読むなら	よまないなら	(よみますなら)	0
		(タラ -条件形)			読んだら	よまなかったら	よみましたら	よみませんでしたら
		(ト -条件形)			読むと	よまないと	よみますと	よみませんと
譲歩形		(テモ -譲歩形)			読んでも	よまなくても	よみましても	(よみませんでしても)
		(タッテ-譲歩形)			読んだって	よまなくだって	0	0

[出典]高橋太郎著『日本語の文法 』講義テキスト用(1996年度版)をもとに作成

3)動詞の働き

動詞には、文の構造のなかで「述語」「修飾語」「主語」「接続語」のような働きを表わす場合がある。

①述語になる場合

動詞は、述語、すなわち、「なにが→どうする」という文型の中の「どうする」にあたる文節をつくる。この場合、動詞は単独であるか、または、付属語(助動詞や助詞)をともなう。

○太郎は　毎晩　沢山(たくさん)の　本を　読む。

(単独である場合)

○太郎は　毎晩　沢山の　本を　読んだ。

(付属語をともなう場合)

②修飾語になる場合

動詞は、連体修飾語(体言を修飾)や連用修飾語(用言を修飾)となることができる。連体修飾語になるときは、動詞は単独であるか、または、付属語をともなう。また、連用修飾語になるときは、必ず「ように」などの付属語をともなうのが特徴である。

○本を　読む　習慣を　身に　つける。(連体修飾語)

○もっと　早く　読むように　努力する。(連用修飾語)

③主語になる場合

動詞は、主語になることもできる。この場合、主語の文節は、動詞(連体形)に「…の(こと)が」「…の(こと)は」「…の(こと)も」などがつく形となる。

○その途中で美味しいモノを　沢山　食べるのが　旅行の中でも最高の旅行だ。

○今日は　体の　調子が　悪いから　休むのは　いかがですか。

○当時は　食べるのも　やめて　働きました。

④接続語になる場合

動詞は、接続助詞をともなって、接続語の文節をつくることもできる。

○ついに口の中を　噛んでも　口内炎に　ならなくなりました！

○今日は　一杯　飲んで　休みたい。

10-5.終止形と中止(なかどめ)形

10-5-1.終止形

日本語の用言における活用形の一つとして、文を言い切る形で使われ、その終止形の後に句点(。)が来る場合が一般的である。これを終止形という。一般に文末に終止形で表わし、現在や未来の事柄を表わす場合でも、終止形の現在形で使われることが多い。

○父親は　今　居間で　新聞を　見る。(現在形)

○地球は　太陽の　まわりを　回る。　(現在形)

○いきなり　雷が　鳴る。　　　　　(現在形)

○明日　日帰りの　旅行に　行く。　　（未来形）

○来週からは　梅雨が　始まる。　　（未来形）

動詞の終止形は、現在形・未来形のほかに、過去の事柄を表わす場合には、「過去形」の語形で表わすのである。

○父親は　居間で　新聞を　見た。

○地球は　太陽の　まわりを　回る。

○いきなり　雷が　鳴った。

○日帰りの　旅行に　行った。

○今年の　梅雨が　始まった。

下に掲げる表は、動詞の終止形が、時制の現在形と過去形を動詞の活用類型別に表わしたものである。

＜終止形を時制で表わした場合＞

終止形の時制	動詞				
終止形（現在形・未来形）	回る	鳴る	見る	行く	始まる
終止形（過去形）	回った	鳴った	見た	行った	始まった

注釈

なお、日本語の未来形は「回ろう」「回るであろう」「回りましょう」といった、形態上、勧誘形を用いたり(回ろう)、あるいは、終止形もしくは連用形と助動詞との複合形(回るであろう／回りましょう)で表わされる。どの動詞にあっても、これを英語などインド・ヨーロッパ諸語に比すれば未来形としての独立性を著しく欠いており、本書では敢えて独立した解説を行わない。ただ、今後機会を見て、こうした日本語動詞の未来形の特色を一層踏み込んで考察する予定である。

10-5-2.中止形

動詞の中止(なかどめ)形には、「第１中止形」と「第２中止形」がある。述語文のなかで、動詞が述語になっていても、文がまだ終わりにならないで続く場合は、この中止形の動詞を使用する。中止形の後には、「、」のように読点(とうてん・テン)をうつのが一般的である。次に示すのは、動詞の終止形(基本形)・過去形・第１中止形・第２中止形を表わした場合である。

＜動詞の活用類型と中止形との関係＞

動詞の活用種類	終止形(基本形)	過去形	第１中止形(～し)	第２中止形(～して)
五段動詞	書く	書いた	書き	書いて
上一段動詞	起きる	起きた	起き	起きて
下一段動詞	食べる	食べた	食べ	食べて
カ行変格動詞	来る	来た	き	来て
サ行変格動詞	する	した	し	して

「第1中止形」で表わした場合

○花子は　手紙を　書き、　封筒に　入れた。

○学生は　小説を　読み、　感想文を　書いた。

○加藤は　朝　起き、　ご飯を　食べた。

「第2中止形」で表わした場合

○花子は　手紙を　書いて、　封筒に　入れた。

○学生は　小説を　読んで、　感想文を　書いた。

○加藤は　朝　起きて、　ご飯を　食べた。

10-6. 動詞の「普通体と丁寧体」

＜表1＞～＜表5＞は、動詞を五段動詞・上一段動詞・下一段動詞・カ行変格動詞・サ行変格動詞別に、文法的なカテゴリーとして、普通体と丁寧体とにわけ、断定形・推量形・命令形、現在形・過去形、肯定体・否定体のような、文法的なカテゴリー別に表わした場合である。

＜表1＞五段動詞と文法的なカテゴリー

文法形式	時制	肯定・否定	普通体	丁寧体
断定形	現在形	肯定体	書く	書きます
		否定体	書かない	書きません
	過去形	肯定体	書いた	書きました
		否定体	書かなかった	書きません　でした
推量形	現在形	肯定体	書く　だろう	書く　でしょう
		否定体	書かない　だろう	書かない　でしょう
	過去形	肯定体	書いた　だろう	書いた　でしょう
		否定体	書かなかった　だろう	書かなかった　でしょう
勧誘形	*	肯定体	書こう	書き　ましょう
		否定体	*	*
命令形	*	肯定体	書け	書きなさい
		否定体	書く　な	*

＜表2＞上一段動詞の文法的なカテゴリー

文法形式	時制	肯定・否定	普通体	丁寧体
断定形	現在形	肯定体	起きる	起きます
		否定体	起きない	起きません
	過去形	肯定体	起きた	起きました
		否定体	起きなかった	起きません　でした
推量形	現在形	肯定体	起きる　　だろう	起きる　でしょう
		否定体	起きない　だろう	起きない　でしょう
	過去形	肯定体	起きた　　だろう	起きた　でしょう
		否定体	起きなかった　だろう	起きなかった　でしょう
勧誘形	*	肯定体	起きよう	起き　ましょう
		否定体	*	*
命令形	*	肯定体	起きろ	起き　なさい
		否定体	起きる　な	*

＜表3＞下一段動詞の文法的なカテゴリー

文法形式	時制	肯定・否定	普通体	丁寧体
断定形	現在形	肯定体	食べる	食べます
		否定体	食べない	食べません
	過去形	肯定体	食べた	食べました
		否定体	食べなかった	食べません　でした
推量形	現在形	肯定体	食べる　　だろう	食べる　　でしょう
		否定体	食べない　だろう	食べない　でしょう
	過去形	肯定体	食べた　　だろう	食べた　　でしょう
		否定体	食べなかった　だろう	食べなかった　でしょう
勧誘形	*	肯定体	食べよう	食べ　ましょう
		否定体	*	*
命令形	*	肯定体	食べろ	食べ　なさい
		否定体	食べる　な	*

＜表4＞カ行変格動詞の文法的なカテゴリー

文法形式	時制	肯定·否定	普通体	丁寧体
断定形	現在形	肯定体	来(く)る	来(き)ます
		否定体	来(こ)ない	来(き)ません
	過去形	肯定体	来(き)た	来(き)ました
		否定体	来(こ)なかった	来(き)ません　でした
推量形	現在形	肯定体	来(く)る　だろう	来(く)る　でしょう
		否定体	来(こ)ない　だろう	来(こ)ない　でしょう
	過去形	肯定体	来(き)た　だろう	来(き)た　でしょう
		否定体	来(こ)なかった　だろう	来(こ)なかった　でしょう
勧誘形	*	肯定体	来(こ)よう	来(き)ましょう
		否定体	*	*
命令形	*	肯定体	来(こ)い	来(き)　なさい
		否定体	来(く)る　な	*

＜表5＞サ行変格動詞の文法的なカテゴリー

文法形式	時制	肯定・否定	普通体	丁寧体
断定形	現在形	肯定体	する	します
		否定体	しない	しません
	過去形	肯定体	した	しました
		否定体	しなかった	しません　でした
推量形	現在形	肯定体	する　だろう	する　でしょう
		否定体	しない　だろう	しない　でしょう
	過去形	肯定体	した　だろう	した　　でしょう
		否定体	しなかった　だろう	しなかった　でしょう
勧誘形	*	肯定体	しよう	しましょう
		否定体	*	*
命令形	*	肯定体	しろ	し　なさい
		否定体	する　な	*

＜表6＞「ある・ない」存在動詞の文法的なカテゴリー

文法形式	時制	肯定・否定	普通体	丁寧体
断定形	現在形	肯定体	ある	あります
		否定体	ない	ありません
	過去形	肯定体	あった	ありました
		否定体	なかった	ありません　でした
推量形	現在形	肯定体	ある　だろう	ある　でしょう
		否定体	ない　だろう	ない　でしょう
	過去形	肯定体	あった　だろう	あった　でしょう
		否定体	なかった　だろう	なかった　でしょう
勧誘形	*	肯定体	(あろう)	(ありましょう)
		否定体	*	*
命令形	*	肯定体	(あれ)	*
		否定体	*	*

注釈

存在動詞のなかで「ある」は、命令形を作ることはできず、たとい外見上は命令形で表現されても、それは命令の意味ではなく、それは話者（話し手）の「願望・希望」を表わすのである。

例えば、

○君に　幸せ　あれ。

注釈

動詞のなかには、「語幹」と「活用語尾」を区別することができないものもある。次にあげる動詞は、すべて語幹と活用語尾の区別がない動詞である。これらの動詞は、未然形と連用形が一音（一字）だけしかない、という特徴がある。「語幹がない」動詞と呼ばれることもある。いずれも五段動詞以外の他の４種類の動詞に認められる。

①上一段活用　:「居（い）る・射（い）る・着（き）る・似（に）る・煮（に）る　見（み）る　干（ひ）る」

②下一段活用　:「得（え）る・出（で）る・寝（ね）る・経（へ）る」

③カ行変格活用:「来（く）る」

④サ行変格活用:「する」

10-7. ムード(Mood)

10-7-1.ムードとは何か？

ムード(mood・叙法)とは、叙述内容に話者の意図や態度を表わす文法的なカテゴリーのことである。文が表わす出来事の現実との関係(事実的か反事実的か)や意図、聞き手に対する態度などを表わす場合である。特に動詞の形態に反映された場合のことを言うが、モダリティ(Modality・法性)と同義で語られることもある。断定、疑義、命令、可能・必然、許可・義務、願望・要求 などを表わす。

例えば、「書く」という動詞の場合、「述べ立て(書いている)・意志(書こう)・勧誘(書こう)・命令(書け)・許可(書いていい)・依頼(書いてくれ)・当為(書くべきだ)・願望・希望・希求(書きたい)・仮定・放任(書いたら・書けば)・否定(書かない)・禁止(書くな)のような文末の形態の違いが叙法に関わり、命題(何々は何々である)を包むような形で、叙法が実現されている。

＜テンスとムードとの関係＞

動詞は、述語になることとかかわって、ムードとテンスのカテゴリーをもつ。

Mood ＼ Tense		非過去形	過去形
陳述形	断定形	書く(かく)	書いた(かいた)
	推量形	書くだろう(かくだろう)	書いただろう(かいただろう)
勧誘形		書こう(かこう)	
命令形		書け(かけ)	

10-7-2.断定形

「断定形」とは、動詞によって表わされる事柄を、話し手(話者)がはっきりと断定的に述べるときに使用される動詞の語形である。

○学校に　学生が　いる。

○太郎は　車が　3台　ありました。

○東京は　今日も　雨が　降ります。

○日曜日には　会社に　行きません。

○遠慮のかたまりは、私が　食べます。

1)話し手(話者)がはっきりと断定的に述べる場合、単なる断定ではなく、その話し手の「意志」を表わす場合がある。

○日曜日には　登山に　行く。

○午前中まで　なんとか　仕事を　終わらせます。

○あの　チームなら　我がチームが　勝ちます。

２)話し手(話者)がはっきりと断定的に述べる場合、聞き手の動作を意味する断定を現在形で表わす場合は、「命令」の意味合いがある。このような意味合いを表わす場合には、表現したい単語をプロミネンス(prominence)的に発音する必要がある。

○君は　明日の朝　6時まで　ここに　来る。

○こんなゆっくりじゃ　時間間に合わないよ、さっさと　歩く。

３)話し手(話者)がはっきりと断定的に、言い終わる文の述語として表わす場合、相手に対して「疑問・質問」を表わす場合がある。このような意味合いを表わす場合には、表現したい単語をしり上がり調のように、明瞭なイントネーションを置いて発音する必要がある。

○あなた　御飯　食べる？

○富士山に　のぼったこと　ある？

10-7-3.推量形

「推量形」とは、動詞によって表わされる事柄が事実であるかどうか、ということに対して、話し手(話者)がはっきりと断定的に述べるときに使用される動詞の語形である。

○学校に　学生が　いるだろう。

○太郎は　車が　３台　あるだろう。

○東京は　今日も　雨が　降るでしょう。

○日曜日には　会社に　行かなかっただろう。

動詞や形容詞(未然形)に「-(よ)う」「-(だ)ろう」をつけて表わすことができる。否定推量の場合は、「-まい」をつけて表わす。特に、「意志形」や「勧誘形」とはっきり区別するために、「-だろう」「-ないだろう」を使用する場合が多い。

1)肯定推量で表わす場合

○嫁は　実家に　帰ろ(う)。

→嫁は　実家に　帰るだろう。

○日が　暮れ(よう)

→日が　暮れる　だろう。

○沖縄の　スイカは　甘かろ(う)。

→沖縄の　スイカは　甘い　だろう。

2)否定推量で表わす場合

○嫁は　実家に　帰る(まい)。

→嫁は　実家に　帰らない　だろう。

○日が　暮れる(まい)

→日が　暮れない　だろう。

10-7-4.勧誘形と意志形

勧誘形と意志形は、相手への「勧誘を表わす語形」として、動詞の意味する事柄が、相手を含む場合は勧誘形で、「話し手の意志を表わす語形」として、動詞の意味する事柄が、話し手だけを含む場合は意志形になるのである。勧誘形の場合は「聞き手に対して、〜」のような構造になり、意志形の場合は「一人ごとで、〜」のような構造になるのである。

10-7-5.勧誘形

勧誘形は、相手への勧誘を表わす語形である。動詞の意味する事柄が、相手を勧誘対象に含むことが特徴である。「聞き手に対して、〜」

○今度ビールでも　飲みに　行きましょう。

○疲れたから　ちょっと　休憩しよう。

○試験が　終わったら　一緒に　遊ぼう。

○我らの　未来の　夢を　話そうよ。

10-7-6.意志形

意志形は、話し手の意志を表わす語形である。動詞の意味する事柄が、話し手だけを含むことが特徴である。「一人ごとで、〜」

○明日も　朝早いし、もう寝よう。

○私は　うな丼を　食べよう。

○明日の　会合に　参加しよう。

○やることないから　テレビでも　見よう

上記の勧誘形と命令形の用例に示したように、ここに使用された動詞は、動詞の種類のなかでも一般的に意志動詞と見なされるものが使用されている、ということが見て取れよう。このように、勧誘形と命令形は、未来に実現されそうな事柄を予想して表現する、という役割を負っている。

○本を　早く　読め。
○花子さんは　ここで　待ちなさい。
○次は　あなたが　歌え。
○朝ごはんは　しっかり食べなさい。

しかし、断定形と推量形の場合は、過去形も使用されるが、勧誘形と命令形は過去形は使用されない。勧誘形と意志形を表わすためには、「行く・食べる・読む・走る…」のような意志動詞で表現するのが一般的である。従って、その勧誘・意志・命令の意味合いを表わすためには、意志的に実現されることを意味することで、原則的に意志動詞が使用される。一方、「乾く・割れる・降る・ある…」のような無意志動詞の場合は、勧誘・意志・命令という意味合いを表わすことはできない。このような用法で使用された場合は、「希望・願望」「推量」の意味合いを表わすのである。

○君に　幸せ　あれ！
○あの　窓のガラスよ、割れろ！

10-8. 可能動詞

10-8-1.可能動詞とは何か？

五段活用が、下一段活用動詞に変わり、可能の意味合いを表わす場合を説明したい。動詞を活用の種類別に分類する場合は、「五段活用動詞」「上一段活用動詞」「下一段活用動詞」「カ行変格活用動詞」「サ行変格活用動詞」のように、分類することができる。このなかで、可能の意味を表わすように「可能動詞」を作るものは、「五段活用動詞」だけである。「五段活用動詞」が、ある手続きを経て「下一段活用動詞」へと変化し、その「可能動詞」になる場合を紹介すると以下のようである。

10-8-2.五段動詞の場合

可能動詞とは、「読む→読める」「歩く→歩ける」のように語形変化により、「～することができる」という可能意味を含む動詞を「可能動詞」という。このように、「可能動詞」は、五段活用の動詞の未然形に可能の助動詞「れる」がついた形が、下一段活用の動詞に変化した単語である。＜表1＞は、五段動詞が、可能動詞に変化する過程を表わしたものである。

＜表1＞五段動詞と可能動詞

五段動詞→	未然形→	助動詞→	下一段動詞→	可能動詞
書く	書か＋(ない)	書か＋(れる)	書ける(か→け)	書ける
読む	読ま＋(ない)	読ま＋(れる)	読める(ま→め)	読める
歩く	歩か＋(ない)	歩か＋(れる)	歩ける(か→け)	歩ける
飛ぶ	飛ば＋(ない)	飛ば＋(れる)	飛べる(ば→べ)	飛べる
作る	作ら＋(ない)	作ら＋(れる)	作れる(ら→れ)	作れる
なる	なら＋(ない)	なら＋(れる)	なれる(ら→れ)	なれる
言う	言わ＋(ない)	言わ＋(れる)	言える(わ→え)	言える

○仮名文で　書かれている　事が　原則で　あり～。

○これ以上の　結末は　書けない。

○読まれない　ブログが　たった3分間の　勉強で　読まれる　記事に　なる　書き方。

○声に出して　読めない　日本語。

○強風(きょうふう)に　襲われ、屋根が　飛ばされた～。

○ニュージーランドの　飛べない鳥は　キウイ以外に全部で　何種類？

○若い社員が　言われた　ことしか　やらないので　困っている。

○映画『言えない秘密』あらすじと　ネタバレ　感想。

注釈

1）五段動詞に、助動詞「れる」がついた形(「書く→書かれる」「読む→読まれる」「歩く→歩かれる」など)を、可能の意味で使用することはほとんどない。代わりに可能動詞(「書ける」「読める」「歩ける」)を用いるのが一般的である。

2）五段動詞が、下一段活用に変わり、その可能動詞になった単独の下一段活用の動詞は、＜命令形＞がないのが、特徴である。

10-8-3.上・下一段動詞の場合

可能動詞は、「～できる」(可能)という意味を含む動詞を指す。可能動詞は五段活用の動詞だけから作られるという特徴がある。五段活用以外の動詞で可能の意味を表現するためには、助動詞「られる」をつけて、その可能動詞を作ることができる。＜表1＞は、上・下一段動詞が、可能動詞に変化する過程を表わした場合である。

＜表1＞上・下一段動詞と可能動詞

上・下一段動詞→	未然形→	助動詞→	可能動詞→	ら抜き言葉
着る	着(き)+(ない)	着(き)+(られる)	着られる	着れる
居る	居(い)+(ない)	居(い)+(られる)	居られる	居れる
見る	見(み)+(ない)	見(み)+(られる)	見られる	見れる

起きる	起(お)き+(ない)	起(お)き+(られる)	起きられる	起きれる
得る	得(え)+(ない)	得(え)+(られる)	得られる	得れる
出る	出(で)+(ない)	出(で)+(られる)	出られる	出れる
食べる	食(た)べ+(ない)	食(た)べ+(られる)	食べられる	食べれる

○キレイな　服なんて　もう　着られない。(可能動詞)

○急に　暖かく　なってきても　何着れば　いいか　わからない。(ら抜き言葉)

○結果を　残して、自分に　足りなかった　自信が　得られた。(可能動詞)

○「しゃべれる。食べれる。コンビニエンス。しゃべれる。食べれる。ミニストップ。」(ら抜き言葉)

＜表1＞の上・下一段動詞と可能動詞で示した、「着れる・出れる・起きれる・食べれる」のような動詞がある。これらは一見して、可能動詞のように思えるかもしれない。しかし、「着る・出る・起きる・食べる」という動詞は、上一段活用の動詞であるから、可能動詞を作ることができない。このように「着られる・出られる・起きられる・食べられる」という可能動詞が、「着れる・出れる・起きれる・しゃべれる・食べれる」のように示された事例は、不正確な言い回しとして今日しばしば注目されている「ら抜き言葉」である。

10-8-4.カ行・サ行変格動詞の場合

＜表2＞は、「カ行変格動詞」と「サ行変格動詞」が、可能動詞に語形変化した場合である。まず、「カ行変格動詞」である「来る」の場合は、「上・下一段動詞」と同じように「〜られる」と結合し、「来られ」となる。若い世代では「ら」を取り除いた下一段可能動詞「来れる」が次第に多用されつつあるが、これこそは実に、先に取り上げた「ら抜き言葉」であり、目上の人々に対して用いるのは依然、望ましいことではない。正式な文書や会話ではやはり「来られる」をお勧めしたい。また、「サ行変格動詞」の「する」の場合は、「五段動詞」と同じように「〜れる」と結合し、「される」になるが、これは可能動詞では使わず、可能の意味として表わす場合は、一般に「できる」という単語が用いられる。

＜表2＞「カ行・サ行変格動詞」と可能動詞

変格動詞→	未然形→	助動詞→	最も使用が望ましい形もしくは代替形	下一段可能動詞
来る	来(こ)+(ない)	来(こ)+(られる)	来られる(正式)	来れる(非正式)
する	し+(ない)	さ+(れる)	される(主として受け身もしくは尊敬)→できる	

○同じヘルパーさんが　週２回　来られ、その度に　お茶や　菓

子などを　出す。

○塾、家庭教師「俺のところに　来れば　100点とれます！！」

○階段も　利用される　老人たち。

○ヘルシーな 「焼かない　お好み焼き」が　できた！

参考

＜自発とは？＞

自発とは、外からの働きかけ（何かの影響）を受けてするのではなく、自然に行われることで、自分から進んですることである。

文法的な意味としては、動作が他からの作用（外部からの影響）に関係なく、自然に起こることの意味である。動詞の未然形に、助動詞「れる」「られる」などを付けて言い表わす。

例えば、「見る→見られる」「食べる→食べられる」」

10-9. ら抜き言葉

10-9-1.「ら抜き言葉」とは何か？

「ら抜き言葉」とは、「着る・見る・起きる・ 居る・信じる」のような上一段活用動詞、「得る・出る・植える・捨てる・食べる・調べる・流れる」のような下一段活用動詞、また「来る」のようなカ変動詞が、可能表現（＜表2＞の「カ行・サ行変格動詞」と可能動詞参照）として、それぞれ

「着れる・見れる・起きれる・ 居れる・信じれる」・「得れる・出れる・植えれる・捨てれる・食べれる」・「来れる」のように、文法的な活用では必要なはずの「ら」の文字が、省略された形(含んでいない)で使用すること=「日本語の乱れ語」を、いわゆる「ら抜き言葉」というのである。

動詞の活用により、「可能」という表現を表わす場合は、「未然形+られる」という文法的な構造で表わすのが規則である。しかし表現としては「みれる」、「たべれる」、「これる」のように表現する場合を「ら抜き言葉」という。

日本文法の助動詞である「れる、られる」の表現は、「受身」や「尊敬」を表わす場合にも用いられ、これらと区別するために、可能を表わす「ら抜き言葉」が用いられるようになったという解釈もされるようになってきた。例えば、上の方で少し触れたが、日本のある大手コンビニエンスストアー(Convenience Store)のCMでは、下記のような文句が注目される。

「しゃべれる　食べれる　コンビニエンス！
しゃべれる　食べれる　ミニストップ！
どうぞ　ごゆっくり！
しゃべれる！食べれる！ミニストップ！」

このCMの内容は、そのコンビニエンスストア(ミニストップ)では、しゃべることもできるし、買ったばかりのパンやインスタントラーメンを食べることもできることを宣伝していることだろう。これは、完全に「ら抜き言葉」であって、日本の社会で、この「ら抜き言葉」が、どのぐらい幅広く使用されているかを物語っている。

また、パソコン上で、日本語を入力する際、日本では「一太郎」というソフトを用いる場合がある。このソフトを活かし、日本語で「RanukiKotoba(ら抜き言葉)」という単語をローマ字で入力すると、きちんと一つのまとまりの漢字語交じりの単語(「ら抜き言葉」)が出てくるのである。これを見ても、日本社会に、この「ら抜き言葉」という表現が、年とともにかなり広まっていることを物語っているかのようである。

10-9-2.「ら抜き単語」の種類

下記の＜表1＞は、上一段活用動詞・下段活用動詞・カ変活用動詞別に、「起きる→起き(ら)れる→ 起きれる」「食べる→ 食べ(ら)れる→ 食べれる」、「来る→ 来(ら)れる→ 来れる」のように、その「ら抜き動詞」がどのような流れで生じるかを表わしたものである。

＜表1＞「ら抜き動詞」の種類

動詞活用の種類	動詞の種類	可能動詞	ら抜き動詞
上一段活用動詞	着る	着られる	着れる
	見る	見られる	見れる
	起きる	起きられる	起きれる
	居る	居られる	居れる
	信じる	信じられる	信じれる
下段活用動詞	得る	得られる	得れる
	出る	出られる	出れる
	植える	植えられる	植えれる
	捨てる	捨てられる	捨てれる
	食べる	食べられる	食べれる
	調べる	調べられる	調べれる
	流れる	流れられる	流れれる
カ変活用動詞	来る	来れる	来れる

漢字語で表わす単語の場合、その文字数が長い場合には、「携帯電話→ケータイ(携帯)」「テレビジョン→テレビ」「都営地下鉄→都電」「都営バス→都バス」「時間単位→時短」のように、縮約形で表わす場合もある。しかし「ら抜き言葉」にあっては、その動詞が含んでいる文法的な領域の部分を省略しており、したがって、まさに日本文法の根幹に

かかわる重要な表現が乱れている。次の用例に注目しよう。

○太ってしまって　スーツが着れない！週末までに　着られるようにしたい。
○イベント　ページの　詳細が　見れません。
○深刻です。本当に、寝ても寝ても、寝ても、起きれないのです。
○今のままじゃ　水着が　着れない　女子71.9%調査結果。
○時間が　ある　人しか　出れないTV。

このように、「ら抜き言葉」の現象が、一般的に使用されているのはいろいろな説があるが、「日本語の乱れ」の表現は、この「ら抜き言葉」だけでなく、特に「若者言葉」・「ギャル語」・「バイト敬語」など、「創られた日本語」などでも見られることで、数多い社会の影響があるようである。なお、「バイト敬語」とは一見すると敬意が込められているが、全体的に見て正確とは言い難い表現を指す。とりわけよく知られたものに、ファミリーレストランで、アルバイト店員が給仕の際に口にする

○「こちらが　とんかつ定食に　なります」が挙げられる。より正しくは、
○「こちらが　とんかつ定食で　ございます」とすべきところである。

注釈

助動詞の「れる」「られる」は、いろいろな動詞と結合し「可能・尊敬・受身・自発」と言った意味を表わす。この種の単語が、ある文を構築する材料として参加した場合、その単語が「可能」と「尊敬」の意味のなかで、どの意味を表わしているかが区別できるだろう。しかし、五段活用動詞ではない動詞が「られる」と結合した形の単独で使用された場合は、そこに前後の文章がなければ、「可能」の意味なのか、「尊敬」意味なのか、一見しただけではなかなか区別ができないだろう。

10-10. 自動詞と他動詞

10-10-1.「自動詞と他動詞」とは何か？

動詞は基本的に運動を表わすが、その運動が、他のモノに、働きかける運動を表わす動詞と、そうした働きかけをしない動詞の二種類に分けることができる。このように、働きかけの運動を表わす場合を「他動詞」、反対に、そうした働きかけをしない場合を「自動詞」という。言い換えれば、動作や運動による対象的な関係で、名詞の対格を支配するものが「他動詞」であり、そのような支配をしないもの(目的語を取らない動詞)が＜自動詞＞である。

このように、他動詞とは、典型的には、文のなかで目的語をとり、主語から目的語に向かう(あるいは働きかける)動作を表わす動詞をいう。しかし、「受ける」「受かる」のような動詞の場合は、その自他動詞の区別がやや曖昧で、日本語を学び始めたばかりの頃は分別に苦しむ場合もある。

○太郎は　大学の　入学試験を　受ける。　→　＜他動詞＞
○太郎は　大学の　入学試験に　受かる。　→　＜自動詞＞

また、「ご飯を食べる」「本を読む」「窓を開ける」のように、＜「を」＋動詞＞の形になる動詞を他動詞という。しかし、「学校に行く」「子どもができる」「友達に会う」のような構造は、＜「を」＋動詞＞の構造を表わさない。このような動詞を自動詞というのである。

10-10-2. 自・他動詞が「対」をなす場合

＜表1＞は、自動詞と他動詞とが「対」をなす場合を表わしたものであるが、「対」になっているものが多くある。以下にその例を示しておく。

＜表1＞自動詞と他動詞が「対」をなす場合

～が		～を	
自動詞(漢字)	読み方	他動詞(漢字)	読み方
起きる	おきる	起こす	おこす
落ちる	おちる	落とす	おとす

〜が		〜を	
自動詞(漢字)	読み方	他動詞(漢字)	読み方
倒れる	たおれる	倒す	たおす
汚れる	よごれる	汚す	よごす
壊れる	こわれる	壊す	こわす
直る／治る	なおる	直す／治す	なおす
回る	まわる	回す	まわす
返る／帰る	かえる	返す／帰す	かえす
変わる／代わる／替わる／換わる	かわる	変える／代える／替える／換える	かえる
破れる	やぶれる	破る	やぶる
切れる	きれる	切る	きる
折れる	おれる	折る	おる
割れる	われる	割る	わる
集まる	あつまる	集める	あつめる
決まる	きまる	決める	きめる
始まる	はじまる	始める	はじめる
閉まる	しまる	閉める	しめる
開く	あく	開ける	あける
付く／点く	つく	付ける／点ける	つける

～が		～を	
自動詞(漢字)	読み方	他動詞(漢字)	読み方
消える	きえる	消す	けす
入る	はいる	入れる	いれる
出る	でる	出す	だす
溶ける	とける	溶かす	とかす
増える	ふえる	増やす	ふやす
冷える	ひえる	冷やす	ひやす
温まる／暖まる	あたたまる	温める／暖める	あたためる
焼ける	やける	焼く	やく
煮える	にえる	煮る	にる
沸く	わく	沸かす	わかす
見つかる	みつかる	見つける	みつける
浸かる／漬かる	つかる	浸ける／漬ける	つける

10-10-3. 自・他動詞の間違いやすい表現の場合

下の＜表1＞は、自動詞と他動詞のなかで、その使い方に注意しなければならない事例をいくつか挙げたものである。

＜表1＞間違いやすい表現

正しくない表現(×)	正しい表現(○)
○太郎は　切手を　集まっている。	○太郎は　切手を　集めている。
○太郎の　趣味は 切手を集まることだ。	○太郎の 趣味は 切手を集めることだ。
○花子は　疲れて　倒しました。	○花子は　疲れて　倒れました。
○暴風雨で　電柱が　倒しています。	○暴風雨で　電柱が　倒れています。
○先生の　車が　壊しています。	○先生の　車が　壊れています。
○自転車が　壊したので、乗れません。	○自転車が　壊れたので、乗れません。
○警察が　泥棒を　見つかりました。	○警察が　泥棒を　見つけました。
○財布を　見つかって、警察に　届きました。	○財布を　見つけて、警察に　届けました。
○期末の　試験が　始めて　います。	○期末の　試験が　始まって　います。

上記したように、動詞の種類によっては、その「を格」を必要とする場合と、必要としない場合がある。しかし、一部の動詞のなかには、＜「を」＋動詞＞のような形でも、「を格」で指し示す名詞(＜名詞＋「を」＞)の部分が、＜場所＞を表わす場合は、他動詞を表わさない。あくまでも自動詞が置かれるのである。具体的には例えば、以下の表のとおりである。

例　文			場所名詞	自動詞
○学生が	運動場を	通る。	運動場	通る
○車が	道路を	走る。	道路	走る
○母親は	部屋を	出る。	部屋	出る
○飛行機が	青空を	飛ぶ。	青空	飛ぶ
○老人が	階段を	下りる。	階段	下りる
○屋台が	角を	曲がる。	角	曲がる
○友達が	大学を	卒業する。	大学	卒業する

10-11. 意志動詞・無意志動詞

10-11-1.意志動詞・無意志動詞とは何か？

意志動詞は、人間などの意志による動作を表わす行為として「希望・可能・命令・禁止」などの意味合いを表わすもので、主語が意志的に働きかけるような動作・行為を表わし、勧誘形や命令形を作ることで、意志的な行為を表わすことができる動詞類である。

一方、無意志動詞は、意志によらない動作などを表わす動詞として「希望・可能・命令・禁止」などの意味合いを表わせないもので、主語による意志的な動作・行為を一切表わすことができず、したがって、勧誘形や命令形、とりわけ命令形を作動詞類を指す。このようなところに、意志動詞と無意志動詞との大きな相違点が認められる。より具体的に言うと、命令形を作ることができるかできないかという点に両者の差異が存するが、無意志動詞の場合は、その勧誘形や命令形を作ることができないのである。この意志動詞と無意志動詞との関係では、特に「無意志動詞」の特徴に注目してほしい。

動詞は、基本的に動きに注目された品詞であって、その動きに意志性があるか、ないかに注目して分類する場合があるが、前者を「意志動詞」、後者を「無意志」のように二つに分けて、動詞をカテゴリー化する場合がある。

このように、その動きを表わす動詞を、人の意志的な動作・行為かどうか、あるいは、人の意志でコントロールできる動作・行為かどうか、という観点で、動詞を分けることがある。

例えば、「書く」「食べる」「歩く」などのように、人の意志的な意味を持った動作・人の意志でコントロールすることが可能な動作・行為を表わす動詞を＜意志動詞＞という。一方、「ある」「割る」「輝く」「転ぶ」「忘れる」などのように、人の意志的な動作・行為ではないもの・人の意志でコントロールすることが不可能な動作・行為を表わす動詞を＜無意志動詞＞というのである。

日本語の品詞のなかで、特に動詞について意志動詞と無意志動詞を精緻に区別した先行研究は筆者はまだ目にしたことがない。ただ、ほとんどの場合は意志動詞で、ごく一部が無意志動詞であると思っても過言ではないだろう。その意志動詞と無意志動詞との区別法は、「命令形」を作るか作れないか、という点にある。

10-11-2.意志動詞の種類

動詞を基本的に、動きに注目した場合、その動きを表わす動詞を、人の意志的な「動作・行為」かどうか、あるいは、人の意志でコントロールできる「動作・行為」かどうか、という観点で分けた場合、「行く」「読む」「走る」「食べる」などのように、人の意志的な動作・人の意志でコントロールが可能な「動作・行為」を表わす動詞の種類である。

会う・遊ぶ・集める・浴びる・洗う・歩く・祈る・居る・動く・歌う・打つ・送る・起こす・行う・怒る・教える・押す・思う・泳ぐ・降りる・終わる・買う・返す帰る・消す・結婚する・研究する・見物する・答える・壊す・探す・死ぬ・閉める・ 締める・出席する・食事する・知らせる・調べる ・知る ・ 食べる・注意する・ 駐車する・使う・着く・作る・伝える・続ける・包む・勤める・釣る・出かける・ 脱ぐ・盗む・塗る・眠る・寝る・残る・登る・飲む・走る・働く・話す・払う・貼る・負ける・待つ・回る……

○学生が　学校に　行く。

(行く　→　行け)

○私は、今日は土用(どよう)の丑(うし)の日(ひ)なので、お昼ご飯で鰻(うなぎ)を食べてきました。

(食べる　→　食べろ)

○おじいさんは　朝刊を　読みます。

(読む　→　読め)

○妹がいつまでたっても　起きないから　いたずらしてみた

(起きる　→　起きろ)

○どんな時に　食べ物を　捨てますか?

(捨てる　→　捨てろ)

○町の前に、木を　植えた　人は　誰ですか。

(植える　→　植えろ)

10-11-3.無意志動詞の種類

無意志動詞とは、人の意志的な「動作・行為」ではないもの・人の意志でコントロールが不可能な「動作・行為」を表わす、「乾く」「輝く」「割れる」「転ぶ」「忘れる」「晴れる」のような動詞の種類である。ただし、一つの動詞が意志動詞・無意志動詞の両方に使われることも多い。

1)「人が主語にならない動詞類」の場合

無意志動詞のなかでも、「 乾く・ある・咲く・治る・似る・要る・壊れる ・ 鳴る・晴れる・増える 」のように、人が主語にならない動詞は、いずれも「無意志動詞」類に属するのである。

乾く・ある・咲く・治る・似る・焼ける・折れる・ 決まる・冷える ・沸く・割れる・ 開 く・要る・壊れる・ 鳴る・晴れる・増える

○髪の毛が　乾いた　状態で　頭皮エステを　使用しても良いですか?

○薔薇のように　咲いて　桜のように　散って　しまった

○自然に　ガンが　治った　人は　こんなにいた！

○スマートフォンが　壊れた　場合の　問い合わせ先は　どこですか？

○妊娠中の　ダイエットは　危険…だよね？体重が　増えすぎて　怖い！

○学校の　窓の　ガラスが　割れる。

○銀行員の　机の　上に　お金が　ある。

2)「人の気持ち・生理現象」を表わす動詞

無意志動詞のなかでも、「疲れる・喜ぶ・驚く・慣れる・困る・ 安心する・びっくりする・ 心配する」のように、「人の気持ち」や「生理現象」のような、語彙的なカテゴリーを表わす場合がある。

疲れる・喜ぶ・驚く・慣れる・困る・ 安心する・びっくりする・心配する

○ドクター監修の元、疲れが　とれない、体が　だるい　という人へ　福音！

○アマゾン公式　サイトで　社員が　喜んで　働き出す　社長の　会話術。

○アメリカ人が　日本で　驚いたこと　10選。

○ヒューマン　エラーは、慣れたときに　起こる。

○野菜と　果物を「安心」して　食べる　知恵を　購入すると、

○私は、何も　心配して　いません。

3)「可能的、受身的な意味」を持つ動詞

無意志動詞のなかで、「見える・できる・ 聞こえる・見つかる」のように、「可能的な意味」や「受身的な意味」のように、語彙的なカテゴリーを表わす場合がある。例えば、

見える・できる・ 聞こえる・見つかる

○左上には　見えない　ものの　クリックすると〜。

○ある日突然、片側の耳が　聞こえなく　なる。

○仕事が　できる人とできない人の　具体的な　違い。

○隠しごとが　見つかった　複雑な　状態。

注釈

・意志動詞の中には、無意志性の動詞として使われる場合がある。例えば、

○新婚カップルは　ホテルに　入（はい）ります。　(意志性あり)

○大きなスイカなので　冷蔵庫に　入（はい）りません。(意志性なし)

・意志動詞であっても可能形、受身形、過去形になると、その意志性が消える場合がある。

例えば、「聞こえる、見つかる、見える、できる」

○本などの文章を読む際に、声に出さずに黙読していても頭の中で文章を読み上げる「声」が聞こえる、という人が8割以上を占めていることが調査から明らかになりました。

○「横浜市　中古物件　なかなか　見つからない」に関するマンション情報は現在掲載されておりません

○なんと、10人中　9人が　見えていないのだそう…。

また、一つの動詞が、意志動詞・無意志動詞の両方に使われる場合もある。例えば、次の「忘れる」という動詞に注目してほしい。

○旅行先で会った人の顔は覚えているが、名前は忘れてしまった。(無意志動詞)

○旅行先での嫌なことは早く忘れてしまったほうがいいよ。(意志動詞)

下記の＜表1＞でみるように、意志動詞の場合は、命令文を作ることができるが、無意志動詞の場合は、命令文を作ることができない。しかし、無意志動詞が命令文になった場合は、その単語は命令の意味ではなく、「願望」や「希望」(「見える」「聞こえる」の動詞が、「気候」のような名詞と組み合わさる場合は、その動詞は「推測」という意味合いを表わすのである。)

存在動詞のなかで「ある」動詞の場合は、無意志動詞であるが、命令形で表わされる場合がある。このように無意志動詞が命令形で表わされる場合は、その命令の意味合いからズレて、話者による「願望」や「希望」を表わすのである。(下記の＜注釈＞を参照されたい。)

注釈

長淵剛の＜乾杯＞歌の歌詞

かたい絆に 想いをよせて語り尽くせぬ青春の日々時には傷つき 時には喜び肩をたたき あった あの日あれから どれくらい たったのだろう沈む夕日を いくつ数えたろう故郷の友は 今でも君の 心の中にいますか　乾杯! 今君は人生の 大きな 大きな舞台に立ち遥か長い道のりを歩き始めた君に幸せあれ。

＜表1＞は、「意志動詞と無意志動詞」の文法上の違いを表わした場合である。意志動詞と無意志動詞を、「意志形・命令形・禁止形・依頼形・可能形・使役形・受け身」のような文法上で比較した場合、どのような特徴があるのだろうか。一見したところ、無意志動詞の場合は、文法上の範囲が制限的であることが分かるだろう。

＜表1＞＜意志動詞と無意志動詞の文法上の違い＞

種類	動詞の種類	意志形	命令形	禁止形	依頼形	可能形	使役形	受け身
意志動詞	読む	読もう	読め	読むな	読んで	読める	読ませる／読ます	読まれる
	食べる	食べよう	食べろ	食べるな	食べて	食べられる	食べさせる／食べさす	食べられる
	行く	行こう	行け	行くな	行って	行ける	行かせる（「行かさす」は論理上可能だが、使われない）	行かれる
無意志動詞	割る	×	×	×	×	×	×	×
	ある	×	×	×	×	×	×	×

〇あなたが　この詩を　読もうとした　瞬間。（意志形）

〇バカに　なる　ほど、本を　読め!（命令形）

〇変な　小説は　読むな！（禁止形）

〇絵本と　読みきかせの　情報誌『この本　読んで！』。（依頼形）

〇無料で　読める　コミック　1700作品　以上を　豊富に　取り揃え。（可能形）

〇人に　読ます　記事　書いて　あまつさえ　金まで　取ろうと。（使役形）

〇THE PAGEの　政治の　よく読まれている　記事　一覧。（受け身）

4)「意志動詞と無意志動詞の両方使われる」場合

意志動詞と無意志動詞は、意味特徴によって、それぞれ使い分けがはっきりする。しかし、「倒れる・落とす・なる」のような動詞の場合は、意志動詞と無意志動詞の両方の意味合いを示している。

倒れる・落とす・なる・忘れる

○昨夜　徹夜で　作業したので　ベッドに　倒れる。

(＝「寝る」意味と同様)→＜意志動詞＞

○昨夜　大地震で　大きな　建物が　倒れた。

→＜無意志動詞＞

○台風の　被害で　水害地に　食料品を　落とす。

→＜意志動詞＞

○旅行先で　パスポートを　落としてしまった。

→＜無意志動詞＞

○私は　長年の夢であった　弁護士に　なった。

→＜意志動詞＞

○レストランでの　最悪な　誕生日に　なった。

→ ＜無意志動詞＞

○旅行先での　嫌なことは　早く忘れて　したいですね。

→＜意志動詞＞

○その人の顔は　覚えているが、名前は　忘れてしまった。

→＜無意志動詞＞

5)目的を表わす「～ために／～ように」の場合

意志動詞と無意志動詞が、「目的」という意味を表わす場合があるが、このような意味合いを実現する場合も意志動詞で表わす場合と、無意志動詞で表わす場合とがあるのである。

例えば、「なる」動詞が、意志動詞と無意志動詞で使われる場合である。

①意志動詞の「なる」が、「～ために」と結合し、「なるために」のような形で用いる場合や、「なる」動詞の可能形の「なれる」が、「～ように」と結合し、「なれるように」のような形で用いる場合は、特定の「目的」という意味を表わす。

○マラソン選手に　なれるように、

→ 生懸命に運動しています。(○)

○マラソン選手に　なるために、

→ 生懸命に運動しています。(○)

○マラソン選手に　なるように、

→ 生懸命に運動しています。(X：やや不自然な表現)

②無意志動詞の「なる」が、「～ように」「～ために」と結合し、「なるように」「なるために」のような形で用いる場合は、上記の特定の「目的」という意味

を表わすことはできない。しかし、「〜ように」と結合し、「なるように」のような形になった場合は、その意味を実現することができる。

○大根が　大きく　なれるように、水をたくさんやった。(X)

(上記の表現は、特に草花やペットを育てている人々のブログ記事)でしばしば見かけるが、マスコミなどではまだ正しい言い回しとはみなされていない。)

○大根が　大きく　なるために、　水をたくさんやった。(X)

○大根が　大きく　なるように、　水をたくさんやった。(○)

10-11-4.話し手の意志を表わす表現

意志表現は、意志動詞だけではなく、「〜(し)よう」「〜つもりだ」「〜ことにする」などのような慣用句型が、「食べよう」「食べるつもりだ」「食べることにする」のように、意志動詞、もしくはそれに準ずる語形と結合し、その意志表現を表わすことができる。

○退院したら　沢山　食べようね。

○私は　友達と　夕食を　食べるつもりです。

○これからは　ご飯やめて　いつも豆を　食べることにしたよ！

また、「〜ているところだ」「〜ておく」「〜てあげる」などのような、いわゆる補助動詞は、「食べているところだ」「食べておく」「買ってあげる」のように、意志動詞と結合し、その意志表現を表わすことができる。しかし、このような表現にあっても無意志動詞を用いることはできない。

〇トラが　餌を　食べているところ。

〇山口県民なら　フグを　食べておかないとね!

〇母の料理を美味しく　食べてあげられない　ことが申し訳なくて仕方ありません。

10-12.条件文

10-12-1.条件文とは何か？

条件形とは、ある事柄が成立するための必要な動きは、条件の形で表わされる。これは主に、複合文(前件、後件)のなかで、述語として表わす形での後件が成立するための必要な事柄を表わす形である。条件形の後には「、(読点)」を打つ。例えば、「雨が降ると、遠足に行かない。」では、「雨が降ると」が前件で、「遠足に行かない」が後件である。

〇夏休みに　なったら　ハワイへ　行こう。

〇雨が　降ると　遠足に　行かない。

〇傘が　なければ　家へ　帰れない。

〇朝スッキリ　起きるなら　光目覚まし時計が　効果的！

10-12-2.条件形式の作り方

＜図1＞は、動詞の活用形の種類と条件形の種類別に、「書く・読む」動詞を用いて、条件形式の作り方を表わしたものである。

＜図1＞条件形式の作り方

	辞書形	したら	すると	すれば	なら
5段動詞	書く 読む	書いたら 読んだら	書くと 読むと	書けば 読めば	書くなら 読むなら
形式	辞書形→過去形(た形)+ら				
上一段動詞	見る 起きる	見たら 起きたら	見ると 起きると	見れば 起きれば	見るなら 起きるなら
下一段動詞	食べる	食べたら	食べると	食べれば	食べるなら
カ行変化動詞	来る	来たら	来ると	来れば (くれば)	来るなら
サ行変化動詞	する	したら	すると	すれば	するなら

条件を表わす表現には、①「Aすると　Bだ」、②「Aすれば　Bだ」、③「Aなら　Bだ」、④「Aたら　Bだ」のように、四つのカテゴリー化ができる。この場合、ある出来ごと[A]が、別の出来ごと[B]の条件となることを示しめす表現を、「条件表現」というのである。上記の用例で示した文は、条件表現として「Aすると　Bだ」に当たる。「A」は「雨が降る」=「B」の条件「行かない」のような関係を表わすことで、「雨が降る」⇒「行かない」となるわけである。

1)「〜すると」の条件文

①「〜と」は、基本的に、前件が起これば、通常後件が起こるという、反復的

・恒常的に成り立つ関係を表わす場合。

○春になると、野原が　青くなる。

○雪が　降ると　寒くなる。

②過去の出来事(できごと)を表わす場合

○窓を　開(あ)けると　雪が　降っていた。

○成績が　悪いと　大学に　進学できない。

③前件と後件の前後関係が明確な場合

○家に　帰ると　美味(おい)しい食事が　待(ま)っていた。

○海に　入ると　波が　高く　なった。

④前件と後件が連続する動作である場合

○瀬古選手は　起き上がると　走り出した。

○子どもは　食べ終わると　ゲームを　続けた。

⑤後件が推量や判断を表わす場合

○明日　晴れると　暑くなるだろう。（推量）

○明日　晴れると　暑くなるはずだ。（判断）

2)「～すれば」の条件文

①前件と後件の前後関係が明確な場合

○家に　帰れば　美味(おい)しい食事が　待(ま)っていた。

◯満潮後、海に　入れば　波が　高く　なっていた。

②後件が命令を表わす場合

◯この程度のことが　耐えられないならば、剣道などやめてしまえ！

③後件が依頼や勧誘を表わす場合

◯午後　晴れれば、公園に行ってください。(依頼)

◯午後　晴れれば、公園に行きましょう。(勧誘)

④後件が意志や希望・禁止や忠告・推量や判断を表わす場合

◯午後　晴れれば、公園に行こうと思う。(意志)

◯午後　晴れれば、公園に行くな。人混(ひとご)みが多すぎるから。(禁止)

◯午後　晴れれば、公園に行くだろう。(推測)

3)「〜したら」の条件文

①後件が過去の出来ことを表わす。

◯カーテンを　開(あ)けたら、　雪が　降っていた。

◯運動会に　行ったら、　みんな　来ていた。

②前件と後件の前後関係が明白な場合

◯家に　帰ったら　美味(おい)しい食事が　待(ま)っていた。

③前件と後件が連続する動作である場合

○瀬古(せこ)選手は　起き上がったら　走り出した。

④前件が具体的な時を表わす場合

○国へ　帰ったら、まずお目にかかります。

⑤後件が、命令・依頼や勧誘・意志や希望・禁止や忠告・推量や判断を表わす場合

○それでも　行くんだったら、　勝手にしろ。(命令)

○午後　晴れたら、公園に行って下さい。(依頼)

○午後　晴れたら、公園に行こうと思う。(意志)

○午後　晴れたら、公園に行くな。人混み(ひとご)が多すぎるから。(禁止)

○午後　晴れれば、涼しくなるだろう。(推量)

4)「〜するなら」の条件文

①前件と後件が同時に生じる出来事である場合

○これから　走るなら、水を　飲みなさい。

○お嫁さんを　もらうなら、Mさん　みたいな人を　選びなさい。

②後件が、命令・依頼や勧誘・意志や希望・禁止や忠告・推量や判断を表わす場合

○会社が　嫌なら、　出て行け。(命令)

○午後　晴れなら、公園に　行って下さい。(依頼)

○午後　晴れなら、公園に行こうと思う。(意志)

○午後　晴れなら、公園に行くな。人混み(ひとご)みが多すぎるから。(禁止)

○午後　晴れなら、涼しくなるだろう。(推量)

5)「〜したなら」の条件文

前件を「過去・現在・未来」の時制と事柄を仮定・予想する形で、後件の事柄が実現できるということである。その条件が帰結より以前であるべきで、後件の否定形は「しなかったなら」である。

○沢山釣れたなら、あなたにも分けてやるよ。

○大雪(おおゆき)が　降ったなら、外出(がいしゅつ)は　しない。

ところで、現在形の「休暇をとるなら」を過去形の「休暇をとったなら」に、入れ替えはできないのである。というのも、過去形の「とったなら」は、たとい話者が当事者でなくとも、既にその条件が実現したことを前提とする表現だからである。

○来週　休暇をとるなら、週末まで　仕事しても　いいです。

○(課長) 野川君、もう休暇をとったなら、早めに新幹線の切符を買ったほうがいいよ。年末年始だもの。

(野川) いえ、まだ上級部門からお返事を頂いてないんです。たぶん大丈夫だとは思いますが……。

10-12-3.テンス形式と条件形

＜現在・未来・過去と条件の形形式＞

テンス形式	各条件形式				
	～すると	～すれば	～したら	～するなら	～したなら
現在の仮定条件形	○	○	○	○	○
未来の仮定条件形	○	○	○	○	○
過去の仮定条件形	○	○	○	×	○
現在の既定条件形	○	○	○	×	×
過去の既定条件形	○	○	○	×	×
発見の条件形	○	○	○	×	×
意味用法の特徴	1.主節に頼る文は来ない 2.同一主体の継起的な動作	1.一般的、反復的 2.共存する事柄を並べる	1.条件は帰結より以前、個別的、反復的	1.条件は帰結より以前	

*ここでいう「既定」とは、すでに決まっていることを表わす。

10-13.動詞の種類

1)動作・動き

人やモノの動作や動きの意味合いを表わす。

行く・来る・帰る・戻る・はいる・出る・近づく・上る・走る・歩く・泳ぐ・集まる・散る・立つ・飛ぶ・

◯生徒が　運動場を　走る。

◯ツバメが　空を　飛ぶ。

◯野球選手達(たち)が　グラウンドに　集まる。

◯タンポポの種が　あちらこちらに　飛ぶ。

2)言語活動

言葉による表現や言語活動の行為の意味合いを表わす。

言う・話す・読む・書く・聞く・歌う・たずねる・申し込む

◯息子は　やっと　片言を　言う　ように　なった。

◯旅行先で　日記を　書いた。

◯望郷の　心を　歌った　詩。

3)生産(消滅)・産業

生活に必要な物資などを作り出すか、採取・育成する活動の意味合いを表わす。

作る・作り出す・うむ(生・産)・生み出す・産み出す・開発する・減産する

○果汁と　砂糖で　シロップを　作った。

○ゴミ圧縮機（あっしゅく）「プレモ」を　開発している　企業。

○ニワトリは　次の日も、金のタマゴを　産みました。

4)生理現象

人間の生理的な現象の意味合いを表わす。

笑う・寝る・食べる・痛む・泣く

○腹を　抱（かか）えて　笑った。

○朝ご飯は　しっかり　食べる。

○誰もが　みな　講演者の　話に　感動して　泣いた。

5)人(モノ)の状態の変化

人やモノの状態への変化という意味合いを表わす。

開く・落ちる・割る・曲がる・乾く・倒れる・増える・散る・肥る・壊れる・温まる

○不景気で　失業者が　増える。

○もうすぐ　霧が　晴れる。

○やかんの　お湯が　冷める。

6)状態を表わす

それまでの様子が変化したことを示す。

増える・減る・変る・異なる・違う・目立つ

○炭鉱の閉山で　人口が　ひどく　減る。

○鼻や　毛穴の　黒ずみが　目立つ。

○私は　彼とは　意見が　異なる。

7)自然現象

自然界の現象を表わす。

(雨・雪が)降る・(雷が)鳴る・吹く・(氷が)張る・咲く・(芽が)出る・(夜が)明ける・(日が)暮れる

○雨が　ひどく　降っている。

○チューリップは　春に　咲く。

○夏は　5時に　夜が　明ける。

8)社会的な活動

人間による社会的な活動を表わす。

売る・買う・争う・遊ぶ・伝える・盗む・預ける

○あの店では　果物を　安く　売っている。

○卒業してから　三年になるが、まだずっと　遊んでるぜ。

○保管所に　荷物を　預ける。

9)態度

人(動物)による態度の意味合いを表わす。

立つ・座る・従う・逃げる・拝(おが)む

○東海道　新幹線で　電源のある　席に　座る　方法。

○電力不足、計画停電に　不安…　沖縄に　逃げる　データセンター。

○助けを　求めて　神を　拝(おが)んだ。

10)認識・思考

人の認識や思考の意味合いを表わす。

知る・忘れる・考える・気づく・調べる・数える・決める・選択する・思い出す

○ニュースで　事件を　知った。

○解決の　方法を　考える。

○10から　1まで　逆に　数える。

11)感情

喜・怒・哀・楽といった感情表現の意味合いを表わす。

喜ぶ・怒る・悲しむ・好き・怒る・驚く・困る・嫌う

○大学合格を　喜ぶ。

○宇宙の　神秘に　驚いた。

○多くの人々が　野田(首相)の政策に　怒って　いる

○石原慎太郎は　なぜ　パチンコ業界を　嫌うのか。

12)感覚

視覚·聴覚·嗅覚·味覚·触覚などのように、五感によって感じられる認識の意味合いを表わす。

見る·痛む·匂う·感じる·しびれる

○夜中に　星空(ほしぞら)を　見る。

○家が　揺れるのを　感じた。

○指の　切り傷が　痛む。

○寒さで　手足が　しびれた。

13)人(動物)·モノの存在

人·動物·モノの存在の意味合いを表わす。

ある·いる·存在する

○屋上の　レストランには　お客さんが　いる。

○机の　上には　ノートパソコンが　二台　ある。

○地下室の　倉庫には　ネズミが　わんさと　おりました。

14)関係

二つ以上の物事が、互いに関わり合うような関係の意味合いを表わす。

かかわる・属する・配属する

◯あの事件は　命に　かかわる　問題である。

◯鯨は　魚ではなく　哺乳類(ほにゅうるい)に　属する。

◯私は　会社の　出版部に　配属された。

10-14.テンス(Tense)

10-14-1.テンスとは何か？

「テンス(Tense)・時制(じせい)」とは、起こった事(事件)や発話地を基準とする時間軸がどこに位置するか？という事件の外的時間に関して、規定される言語学的な時間中心として示す文法的なカテゴリーである。ここで発話地を「現在」、それ以前を「過去」、それ以後を「未来」という。

過去　------ ⇒　現在(発話時点)　------- ⇒　未来

日本語では、非過去の「動詞の基本形(辞書形)」と、過去の「タ」で表される。例えば、「(どこかへ)行ったのか」「(どこかへ)行っているか」「(どこかへ)行こうとするか」のような動作に対して、文が表わす内容と発話時点との時間関係で、「未来・現在・過去」のように表わす文法形式を、テンスというのである。

また、ある文によって描かれる事態が、それを「発話する時点」での出来事(事態)であるか、それより以前の事態であるか(あるいはそれ以降の事態か)ということが、述語の形態に規則的に反映される。

日本語では、「読む－読んだ」の例に認められるように、テンスは主に動詞の活用によって表わされる。下の例を見てほしい。

（１）学生が　小説を　<u>読む</u>。　　　（現在）
（２）学生が　小説を　<u>読んだ</u>。　　（過去）
（３）明日　学生が　小説を　<u>読む</u>。（未来）

日本語の場合、動詞が表わすテンスは＜表１＞に見るように、過去かそうでないか(すなわち過去－非過去の対立)で表わされる。

＜表1＞テンスの時間領域

時制	過去(形)	現在(形) (非過去)	未来(形)
する	した	する	する
読む	読んだ	読む	読む

注釈

テンスにおいて「現在」や「未来」の事を「非過去」と呼んでいる。動作性の動詞を用いた述語文での「現在形」は、一般に「現在の時点」を指すのではなく、「未来」を表わすという特徴がある。このことから「現在形」を「非過去形・未来形・基本形・ル形」などとも呼んでいる。

10-14-2. テンスと動詞の種類

テンスとアスペクトでは、文法的なカテゴリーを分析するためには、動詞の種類の理解が必要である。この種のような時間軸に注目した文法的な分野では、一般的に、「動作(結果)動詞」「変化(瞬間)動詞」「存在動詞」「状態動詞」のように、大きく四種類に分けることができる。具体的に一つずつ見てゆこう。

①動作(継続)動詞

読む・行く・書く・見る・飛ぶ・走る・食べる・起きる・植える・捨てる・笑う・散る・降る・咲く

②変化(瞬間)動詞

落ちる・(電灯が)点(つ)く・消える・死ぬ・乾く・割れる・増える・曲がる・見つかる・始まる・終わる

③存在動詞

ある・いる・存在する

④状態動詞

小さすぎる・大きすぎる・短かすぎる・長すぎる・見える・聞こえる

10-14-3.テンスの種類

1)現在形

1 -1)存在や状態を表わす場合

①現在の状態を表わす場合

述語の単語が、「いる・ある・置く・大きすぎる・長すぎる・見える」のような動詞で示され、存在や状態による「現在の状態を表わす」場合がある。

◯運動場に大勢(おおぜい)の　学生が　いる。

◯机の上に　本を　置きます。

◯部屋に　人々が　います。

◯動物園に　いろいろな　動物が　いる。

◯図書館に　本が　沢山　あります。

◯この　帽子は　子どもには　大きすぎる。

〇花子の　髪の毛は　長すぎる。

〇富士山は　ここなら　一番　よく　見えます。

②未来の状態を表わす場合

述語の単語が、「いる・ある」のような動詞で示し、時間の状況を「日曜日・明々後日・夏休み・正午」のような単語で示す場合は、存在や状態による「未来の状態を表わす」場合がある。

〇経営者ですから、私は　いつも日曜日にも　会社に　います。

〇明々後日（しあさって）は　花子と　デートが　あります。

〇夏休みには　海外の　旅行が　ある。

〇正午からは　会長と　会合が　あります。

存在動詞以外の動詞を用いて、現在形で表わしても、その動詞の意味は「未来」を表わす場合である。

〇早くしないと　会議が　始まるよ。

〇ダメならいいよ、四郎君に　頼むから。

〇電車が　駅の　ホームに　入ります。

③習慣的・恒久的なことを表わす場合

述語の単語が、「いる・ある・長すぎる」のような動詞で示し、時間の状況を「いつも・必ず」のような単語で示す場合は、存在や状態による「習慣的・恒久的なことを表わす」場合がある。

○東京駅には　いつも　人々が　大勢　います。

○買いたい　電気製品は　秋葉原には　必ず　あります。

○校長先生の　お話は　いつも　長すぎる。

1-2）動作の変化を表わす場合

①未来の状態を表わす場合

述語の単語を「書く・食べる・増える・始まる」のような動詞で示し、時間の状況を「いま・あした・だんだん・まもなく」のような単語で示す場合は、動作の変化による「未来の状態を表わす」場合がある。

○いま　日記を　書きます。

○それは　私が　あした　食べます。

○大雨で　これから　ダムの　水が　だんだん　増えますよ。

○まもなく　会長の　講演が　始まります。

②習慣的・恒久的なことを表わす場合

述語の単語を「行く・旅行する・起床する・走る・死ぬ・増える」のような動詞で示し、時間の状況を「いま・毎週・毎年」のような単語で示す場合は、動作の変化による「習慣的・恒久的なこと」を表わす。

○お祖父さんは　毎日　銭湯に　行く。

○毎年　夏休みには　ハワイへ　旅行する。

○朝は　いつも　6時に　起床する。

○次郎は　毎週　日曜日には　運動場を　走る。

○交通事故で　毎年　一万人が　死にます。

○長雨(ながあめ)で　いつも　田んぼの　水が　増える。

2)過去形

2-1)一般的な過去を表わす場合

動詞を述語文として、「〜た・〜ました」のような過去形で表わし、一般的な過去の意味を表わす場合である。

○夕べ　日記を　書いた。

○私は　さっき　薬を　飲んだ。

○この村には　小鳥遊(たかなし)太郎という　人が　いた。

○昨日　学校の　図書館で　友達に　会った。

○只今　会社から　帰りました。

○去年の秋　リンゴを　沢山　とった。

○帰国した　船が　波止場(はとば)に　止まった。

○富士山は　この場所からが　一番　よく　見えました。

2-2)「発見・思い出す・確認」を表わす場合

存在動詞の「ある・いる・存在する」のような動詞を用いて、過去形の「あった・いた・存在した」のように表わした場合は、「発見・思い出す・

確認」のような意味合いを表わす場合である。

○あっ、ここに　松茸が　あった！（存在を発見する）

○変な　ところにいた　ポケモンたち。（存在を発見する）

○トンネルを　抜けると　そこは　雪国で　あった。（存在を発見する）

○こんな所にいた！今日も猫さん達はどこかでかくれんぼちゅう、（存在を発見する）

○あ！そうか？　明日は　会議が　あったね。（予定を思い出す）

○宿題を　誰に　頼もうかな。そうだ。花子が　いた。（確認）

存在動詞以外の動詞を用いて、「発見・思い出す」の意味以外に、「確認」という意味合いを表わしている。

○昨日は　女房の　誕生日だったね。（確認）

2-3)「叫びの意味」を表わす場合

動詞のなかで「出る・来る」のような動詞が、過去形の「出た・来た」のように表わした場合は、「叫びの意味」のような意味合いを表わしている。

○（ケガした子どもを見ながら）鼻血が　出た！

○（バスを待っていた人たちが口々（くちぐち）に）バスが　来た！

2-4)「特殊な表現」を表わす場合

動詞のなかで「買う・退く・待つ」のような動詞が、過去形の「買った・どいた・待った」のように表わした場合は、「買って下さい・よって下さい・待って下さい」のような「命令」の意味合いを表わす場合である。

◯さあ、安いよ！「買った！買った！」

◯こんなところに　立っていては　じゃまだ、「どいた！どいた！」

◯「ちょっと　待った！待った！」

◯早く　行った、行った。

注釈

「退いた」の読み方は、「どいた、のいた、ひいた、しりぞいた」のように多様であるが、ここでは「どいた」に拠りたい。これは五段活用の動詞として「退(ど)く」の連用形である「退(ど)き」の「イ音便形」に当たり、これに過去・完了・存続・確認の助動詞「た」が付いた形である。

10-14-4.「絶対時制 と 相対時制」の関係

文のなかで、主節のテンスは「発話時点」に基づいて発生するものであって、これを「絶対テンス」と呼ぶ。これに対し、従属節や関係節では発話時点ではなく、主節の時間に基づく場合があり、これを「相対時制」と呼ぶ。日本語では従属節は、相対時制であり、発話時点とは関係がない。

○花子は　その時、(「美容室に　いる」)と　話した。

(そう言った時には、花子は　美容室に　いた。)

また、テンスには以上のように発話時点を基準にして「絶対的テンス」だけではなく、主節のテンスを基準にして、従属節中のテンスを表わすケースもある。

○海外旅行へ　行く時に、　カバンを　買った。

(カバンを購入　→　海外へ):現在(厳密には、「ごく近い過去」)

○海外旅行へ　行った時に、カバンを　買った。

(海外へ　→　カバンを購入):過去

このようなテンスを「相対的テンス」と言う。

10-15. アスペクト(Aspect)

10-15-1.アスペクトとは何か？

「アスペクト(Aspect)・相(そう)」とは、動詞が、一般的に運動(動作)や変化のもとで、状態として働く場合にあって、この種の動詞は、時間とともに進行するものであり、「始まり」「続ける」「終わり」がある。

このように、「始まり」「続ける」「終わり」のある運動をどのように把握するかということに関心をおいた文法的なカテゴリーをアスペクトという。このような運動の様子(仕方)を図で表わすと＜図1＞のようになる。

ある動き(動作)を考えるとき、その動作は、①開始前か、②その動作をしている最中か、③終了したところか、④終了した後の状態か、などいろいろな段階が考えられる。その動作が今、どの段階にあるのかをいろいろな文法形式を使って表わすのである。この文法形式とそれによって示される動きをアスペクトと言う。また、相ということもある。

＜図1＞動作の様子

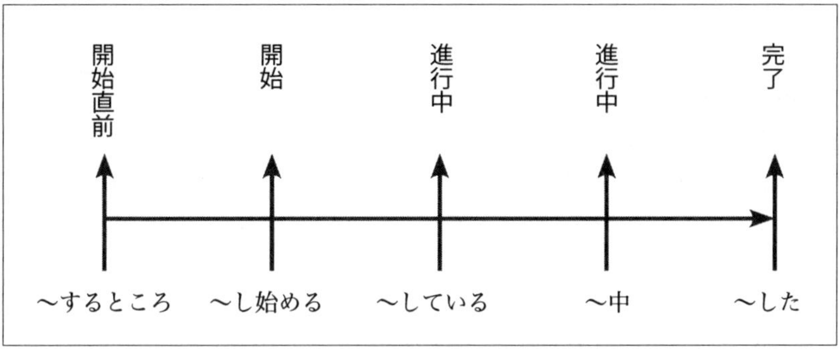

＜図1＞で運動の仕方を図を活かして表わしたものの、動詞が表わす運動(動き・変化)のそれぞれの過程的な文のうち、どの時点を指定して表わすかによって、また表現上の差異が生まれる。この動きを具体的な例文で表わすと次のようになる。

◯花子が　新聞を　読む。(動作)
◯花子が　新聞を　読んでいる。(動作の進行中の状態)

◯実験用の　ネズミが　死ぬ。(変化)
◯実験用の　ネズミが　死んでいる。(変化の結果の状態)

アスペクトもテンスのように、「動作動詞」「変格動詞」のように、その動詞の種類に注目した文法領域である。＜図2＞は、動作動詞と変格動詞のそれぞれの動作の特徴を表わしたものである。

＜図2＞動作動詞と変格動詞のそれぞれの動作の特徴

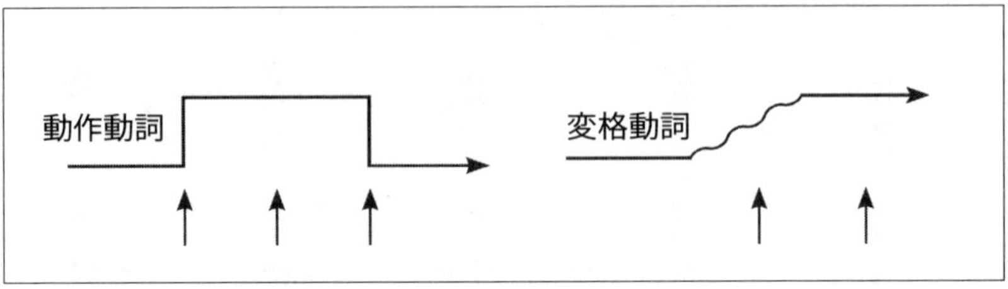

10-15-2. アスペクトと動詞の種類

アスペクトの文法的なカテゴリーを分析するためには、主に「動作動詞」「変格動詞」「存在動詞」「状態動詞」のような動詞類を対象にする。具体的に一つずつ見てゆこう。

1)動作動詞

読む・書く・笑う・泣く・散る・降る・咲く

2)変格動詞

死ぬ・割る・乾く・(電気が)つく・消える・触る・届く・決まる・見つかる・始まる・終わる

3)存在動詞

ある・いる・存在する・存立する・現存する

4)状態動詞

そびえる・すぐれる・ずば抜ける・ありふれる・似る・(水が)澄む・(角が)とがる

10-15-3. 動作・変格動詞とアスペクトの関係

アスペクトは、動作動詞と変格動詞を用いて、動詞の語形変化によって、「完成相」「継続相」「結果相」「終結相」のように分けることができる。ここで注目することは、「完成相」の場合は、動詞の基本形で表わすが、「継続相・結果相・終結相」の場合は、第２中止形で表わし、補助動詞の「いる・ある・しまう」と結合してアスペクトという単語の形を作り出すのである。＜表1＞は、動作動詞と変格動詞が、アスペクト種類の「完成相」「継続相」「結果相」「終結相」の関係を簡単に表わしたものである。

＜表1＞アスペクトと動作・変格動詞関係

Aspect(相)の種類	動作動詞	変格動詞
完成相	読む 起きる 食べる	死ぬ 割る 乾く
継続相	読んで　いる 起きて　いる 食べて　いる	死んで　いる 割れて　いる 乾いて　いる

結果相	読んで　ある 起きて　ある 食べて　ある	死んで　ある 割れて　ある 乾いて　ある
終結相	読んで　しまう 起きて　しまう 食べて　しまう	死んで　しまう 割って　しまう 乾いて　しまう

注釈

なお、結果相の「〜てある」は、こんにちやや文語的な言い回しであり、近年はことごとく「〜ている」と言い換える傾向にある。

1)継続相の場合

次に、＜表2＞は、「読む」動詞を用いて、アスペクトのなかで「継続相」というカテゴリーを、「断定形・推量形・勧誘形・命令形」、「現在形・過去形」、「肯定体・否定体」「普通体・丁寧体」の四つの方向から表わしたものである。

＜表2＞継続相の場合（読んでいる）

文法形式	時制	肯定・否定	普通体	丁寧体
断定形	現在形	肯定体	読んでいる	読んでいます
		否定体	読んでいない	読んでいません
	過去形	肯定体	読んでいた	読んでいました
		否定体	読んでいなかった	読んでいませんでした
推量形	現在形	肯定体	読んでいる　だろう	読んでいる　でしょう
		否定体	読んでいない だろう	読んでいない　でしょう
	過去形	肯定体	読んだ　だろう	読んだ　でしょう
		否定体	読んで　いなかった だろう	読んで　いなかった でしょう
勧誘形	*	肯定体	読んでいよう	読んで　いましょう
		否定体	*	*
命令形	*	肯定体	読んでいろ	読んでいなさい
		否定体	*	*

2)結果相の場合

＜表3＞は、「読む」動詞を用いて、アスペクトのなかで「結果相」というカテゴリーを、「断定形・推量形・勧誘形・命令形」、「現在形・過去形」、「肯定体・否定体」「普通体・丁寧体」の四つの方向から表わしたものである。

＜表3＞結果相の場合(読んである)

文法形式	時制	肯定・否定	普通体	丁寧体
断定形	現在形	肯定体	読んである	読んであります
		否定体	読んでない	読んでありません
	過去形	肯定体	読んであった	読んでありました
		否定体	読んでなかった	読んでありませんでした
推量形	現在形	肯定体	読んである　だろう	読んである　でしょう
		否定体	読んでない　だろう	読んでない　でしょう
	過去形	肯定体	読んであった　だろう	読んであった　でしょう
		否定体	読んでなかった だろう	読んでなかった でしょう
勧誘形	*	肯定体	*	*
		否定体	*	*
命令形	*	肯定体	読んであれ	*
		否定体	読んであるな	*

3)終結相の場合

＜表4＞は、「読む」という動詞を用いて、アスペクトのなかで「終結相」というカテゴリーを、「断定形・推量形・勧誘形・命令形」、「現在形・過去形」、「肯定体・否定体」「普通体・丁寧体」の四つの方向から表わしたものである。

＜表4＞終結相の場合（読んでしまう）

文法形式	時制	肯定・否定	普通体	丁寧体
断定形	現在形	肯定体	読んで　しまう	読んでしまいます
		否定体	読んで　しまわない	読んでしまいません
	過去形	肯定体	読んでしまうだろう	読んでしまいました
		否定体	読んでしまわなかった	読んでしまいませんでした
推量形	現在形	肯定体	読んでしまう　だろう	読んでしまう　でしょう
		否定体	読んでしまわないだろう	読んでしまわないでしょう
	過去形	肯定体	読んでしまっただろう	読んでしまったでしょう
		否定体	読んでしまわなかった　だろう	読んでしまわなかった　だろう
勧誘形	*	肯定体	読んでしまおう	読んでしまいましょう
		否定体	*	*
命令形	*	肯定体	読んでしまえ	*
		否定体	読んでしまうな	*

10-15-4.継続相とは何か？

継続相は、何かの動作が持続過程のなかにあるすがたを指す。継続相のもつ基本的なアスペクト上の意味は、動詞の指し示す運動が、継続や持続過程をなす局面のなかにあるということを表わす。その継続相について「動作動詞」と「変格動詞」とで別々に調べてみると、次のような特徴が見られる。

1)「動作の持続」を表わす場合

動作動詞の場合は、動作の継続(持続)過程をなす「動作の局面」のなかにあることの進行中の状態を表わす場合である。

○ウサイン・ボルトが　運動場を　走って　いる。

○(相撲)力士が　ちゃんこ鍋を　食べて　いる。

2)「変化の結果の持続」を表わす場合

変格動詞の場合は、動作の継続(持続)過程をなす「結果の局面」のなかにあることの変化の結果の状態を表わす場合である。

○洗濯物が　すっかり　乾いて　いた。

○窓の　ガラスが　割れて　いる。

注釈

「～している」のような形で、動詞の種類によっては、「継続相」なのか「結果相」なのか区別がつかない場合がある。例えば、「(服を)着る」「(髪の毛を)切る」「(ペンキを)塗(ぬ)る」といった動詞の場合には、動作動詞と変格動詞との両方の性格をもっていて、具体的な動作により、それぞれ「継続相」と「結果相」とを表わす。

例えば、

1)花子は　いま　鏡の前で　綺麗な　着物を　着ている。

2)花子は　綺麗な　着物を　着ている。

1)の場合は、花子は本日結婚式があり、いまきれいな着物を着ている様子(継続性)に注目している。しかし、2)の場合は、花子は本日卒業式があり、すでにきれいな着物を着て、運動場で写真を撮っているような様子(結果性)に注目している。

また、「そびえる」「曲がる」のような動詞の場合、「そびえている」「曲がっている」のような形で表わす場合は、ある動作が進行して、結果の状態を表わすというのではなく、もともとそのような様子＝固定された結果、を表わしている。決して、「そびえる」「曲がる」が結果としての状態ではないということに注意すべきである。例えば、

○兵庫県の神戸市には　六甲山(ろっこうさん)が　聳(そび)えている。

○道路にある「止まれ」の　標識の　ポールが　曲がっている。

10-15-5.結果相とは何か？

「結果相」とは、何かの動作による行為が終わり、その状態の結果が

残っていることを表わす場合である。下記の用例で見るように、「本がおいてある」「国旗が立ててある」「貼ってある」「飾ってある」のように、以前の動作の行為が終わり、その結果が持続していることがわかるだろう。次の用例は、動作・変格動詞を用いて、その結果相を表わした場合である。

○机の　上には　本が　おいてある。
○学校の　運動場には　国旗が　立ててある。
○映画館の　壁には　映画のポスターが　貼ってある。
○結婚式場の　入り口には　きれいな　花が　飾ってある。

○地震の　影響で　鉄筋が　曲がってある(ている)。
○不審者によって　窓の　ガラスが　割れてある(ている)。
○よい天気で　洗濯物が　すっかり　乾いてある(ている)。

なお、結果相の「～てある」は、こんにちやや文語的な言い回しであり、近年はことごとく「～ている」と言い換える傾向にある。

注釈

ここで、「継続相」と「結果相」との相違点をどのように区別するかという問題が生まれるが、これについては、次の二つの用例に注目してほしい。

1）沖縄は　今日も　雨が　降っている。（継続相）

2）駐車場に　車が　止まっている。(結果相)

上記の用例からもわかるように、1）の場合は「降る」という動作の行為が持続している様子であり、2）の場合は動作の行為が終わり、その状態が持続していることを示している。

10-15-6.終結相とは何か？

①主体や対象の変化が終了することを表わす。

○メモ用紙に　書いてしまえば、頭で覚える　必要はない。

○小説が　面白かったので　一気に　読んでしまった。

②話の展開のなかで場面を転換させるような変化や動詞が成立することを表わす。(一連のできことの～)

○お医者さんは　最善の　治療をしたが　ついに　死んでしまった。

○うかうかして　いる　うちに、任期最後の一年を迎えてしまった。

③予期しなかったこと、期待しなかったこと(どちらかといえばマイナスの事態)が起こることを表わす。(予期しなかった～)

○せっかく準備した100本の雨傘は、当日が晴天だったので、無用(むよう)の長物(ちょうぶつ)となってしまった。

10-15-7.「〜して行く・〜して来る」の場合

移動動詞のなかで「行く」「来る」移動動詞が、他の動詞と結合し、「〜して行く」「〜して来る」のような複合動詞の形で表わす場合がある。この種の動詞は、アスペクトの意味を表わすのではなく、話し手や文中の特定の人物の視点を基準にした空間的な移動の方向性である＝「近寄る動作」「遠ざかる動作」を表わすものである。

まず、「〜て行く」の場合は、話し手の発話時の位置から離れて行く遠心的(遠ざかる)方向性を持つ動作・できごとに用いる。

○太郎は　学校まで　歩いて行きます。

○外国まで　愛犬を　連れて行きます。

話し手が、聞き手のほうへ移動することを伝える場合も「〜て行く」を用いる。

○友達の　家へ　行く時には　ゲーム機を　持って行きます。

○これから　お宅まで　迂回して行きます。

しかし、「持って行きます」の代わりに、「持って来ます」とした場合には、話し手が聞き手のほうへ行く場合を除き、文法的に誤っており、正しい文章として成立しない。例えば以下の二つの例を比較してみてほしい。

○今度お宅へうかがう時には、必ずあなたの好きな食べ物を持って来ますから。

×友達の　家へ　行く時には　ゲーム機を　持って来ます。(非文)
(正しくは「持って行きます」。)

一方、「～して来る」の場合は、話し手の発話時の位置のほうへ向かって来る求心的(近付ける)方向性を持つ動作・できごとに用いる。

○出前持ち(でまえもち)が　自宅に　荷物を　運んで来た。
○雅子さんが　おみやげを　買って来ました。
○この頃、外国からの　観光客が　増えて来ました。

10-15-8.テンスとアスペクトの関係

＜表1＞は、テンスとアスペクトとの関係を表わす場合である。動詞が示す出来事の全体・開始・途中・終了などを表わす文法的なカテゴリーであり、具体的には以下のような例が挙げられる。

○書いていた。　(動詞「書く」+ 相「-て いる」+ 時制「-た」)
○書き始めた。　(動詞「書く」+ 相「-始める」 + 時制「-た」)

<表1>テンスとアスペクトの時間領域

Tense \ Aspect		アスペクト(相)	
		完成相	継続相
Tense (時制)	非過去 (現在)	する(書く)	している(書いている)
	過去	した(書いた)	していた(書いていた)

10-15-9.絶対テンスと相対テンスの関係

主節では、時制は発話時点に基づいている。これを「絶対テンス」と呼ぶ。これに対し、従属節や関係節では発話時点ではなく主節の時間に基づく場合があり、これを＜相対テンス＞と呼ぶ。日本語では従属節は相対時制であり、発話時点とは関係がない。

○太郎は　その時、学校にいると　話した。

(そう言った時には、太郎はまだ学校にいた。より分かりやすく書けば、

○太郎は　その時、「僕、学校にいるよ。」と　話した。)

○(これから)ご飯を　食べる　人は、 手を　あげなさい。(未来)

○(いま現在)ご飯を　食べている　人は、手を　あげなさい。(現在)

○(すでに)ご飯を　食べた　人は、手を　あげなさい。(過去)

また、テンスには以上のように発話時点を基準に置く「絶対的テンス」だけではなく、主節のテンスを基準にして従属節中のテンスを表

わすケースもある。次のようなテンスの場合は、これを「相対的テンス」と言うのである。

○海外旅行へ　行く時に、（近所の眼鏡店で）サングラスを　買った。（「自国」でサングラス購入）

○海外旅行へ　行った時に、（現地のホテルで）サングラスを　買った。（「海外旅行先」でサングラス購入）

このようなテンスを「相対的テンス」と言う。この用法による具体的な説明は、以下の＜注釈＞を参照されたい。

注釈

この二つの用例の差異が生まれた背景を踏み込んで考えてみよう。いったい、海外旅行は今では多くの人にとって数年に一度の定期的な行為となっているので、「海外旅行へ行く時に（＝行くたびに）」とし、過去形を用いない。今後も海外旅行へ行く機会は存在し、そのたびに、近所の眼鏡店へ行ってはサングラスを買うことが十分に予想されるからである。これに対し、海外旅行の旅行先は毎度異なっており、一度訪れた地をその後そう何度も訪れるものではないから、「ある場所へ海外旅行へ行った時に（＝行った際に）」という意味で過去形を用い、現在形の「行く」を用いないのである。

10-16. 態(Voice)

10-16-1.態とは何か？

態(Voice)は、一般言語学のなかで文法論において、動詞の形を変える文法的なカテゴリーの一つで、動詞の表わす行為を行為者の側から見るか、行為の対象の側から見るかに従って区別するもので、能動態・受身態・使役態・使役受身態がある。

能動態の文は、動作の主体に視点が置かれており、動詞の語幹に「れる」「られる」や「せる」「させる」が付かない語形で表わされる。

この態は、時制(Tense)・相(Aspect)・ムード(Mood・叙法)とともに、動詞の形態論的なカテゴリーとして、注目される分野でもある。

その動詞が表わす動作の主体や対象などの要素を特定の格でとらえ、それによって述語形態の異なる一対の言い方として表現し分ける文法形式を「態」というのである。

1)太郎が　次郎を　殴った。　(能動態)
2)次郎が　太郎に　殴られた。　(受身態)
3)三郎が　太郎に　次郎を　殴らせた。　(使役態)
4)太郎は　三郎に　次郎を　殴らされた。(使役受身態)

10-16-2.受身態(受動態)

1)受身態とは何か？

受身態の文は、表現の主体が、他者の行為によって、ある影響を受けることを表わすというものである。これは、行為者(スル側)と被行為者(サレル側)との関係を表わすことである。受身態は、動作の受け手に視点が置かれており、動詞の語幹に「れる」「られる」が付くのが特徴である。その受け手には助詞「が」が使用され、主体には、「に」「によって」のような助詞が付くのも特徴である。

例えば、「次郎が　太郎に　殴られた」や「わが家は、私が生まれる前に作られた」のように、行為・動作・できごとを受ける「人」や「モノ」を中心にして表現する形式を「受け身(態)」というのである。動詞を用いて、能動態文を作る場合は、動詞の「基本形」または「辞書形」を用いる。また、受身文を作る場合は、「受身形」が使われるのである。

動詞を基本形(辞書形)から、受身形へと改める場合は、動詞の活用種類(未然形・連用形・終止形・連体形・仮定形・命令形・勧誘形)のなかでも、「未然形」に助動詞「れる」「られる」を結合させて作る。大多数の助動詞が連用形に付くのに比して、この点大きく異なる。

2)動詞の受身形の作り方

＜表1＞は、活用動詞別に受身形がどのように語形変化によって作られるかを表わしたものである。(動詞のなかで、「起きる」の「起きられる」は、可能の意味で用いられることがほとんどであり、受身態の表現としては、やや不自然である。)

＜表1＞活用動詞別の受身形の作り方

動詞の種類	基本形(辞書形)	受身形	作り方	
五段動詞	書く	書かれる	書か＋れる	Kaku kaka→reru
上一段動詞	見る	見られる	見＋られる	Mi Mi-rareru
下一段動詞	食べる	食べられる	食べ＋られる	Taberu Tabe-rareru
カ行変格動詞	くる	来られる	こられる	korareru
サ行変格動詞	する	される	し→さ＋られる	Sareru

受身文の種類は、「直接対象の受け身」と「間接対象の受け身」とがあって、直接対象の受け身には①直接対象の受身態、②相手の受身態がある。一方、間接対象の受け身には③持ち主の受身態(所有の受け身)、④第3者の受身態(迷惑の受け身・被害の受け身)の計四種類がある。

①直接対象の受身態

○先生は(が)　私を　叱った。　(能動態)

○私は(が)　先生に(から)　叱られた。　(受身態)

②相手の受身態

○先生は(が)　学生に　質問した。　(能動態)

○学生は(が)　先生に(から)　質問された。(受身態)

③持ち主の受身態(所有の受け身)

○太郎は(が)　次郎の　　　　本を　奪った。(能動態)

○次郎は(が)　太郎に(から)　本を　奪われた。(受身態)

④第3者の受身態(迷惑の受け身・被害の受け身)

○ドイツの大軍は(が)　その村の　全住民を　殺した。(能動態)

○その村の　全住民は　　ドイツの大軍に　殺された。(受動態)

この場合、もっぱら「に」を使い、「から」は使わないことが望ましい。

10-16-3.使役態

1)使役態とは何か?

使役態は、目上の人が目下の人に、何かをさせるという意味合いのことである。この意味合いには、「強制・許可・放任・誘発」といった意味がある。この使役態の文は、出来事を実現させようとする人物(使役主)に視点が置かれる表現である。動詞の語幹に「せる」「させる」がつくことで表現される。使役主には「が」を使い、動作主には「に」または「を」が使われるの特徴である。「を」を使う方が、使役主から動作主への強制力が強いのである。

2)動詞の使役形の作り方

動詞の種類	基本形(辞書形)	使役形	作り方	
五段動詞	書く	書かせる	書か+せる	Kaku kaka→seru
上一段動詞	起きる	起きさせる	起き+させる	Okiru Oki-saseru
下一段動詞	食べる	食べさせる	食べ+させる	Taberu Tabe-saseru
カ行変格動詞	くる	来させる	こさせる	kosaseru
サ行変格動詞	する	させる	し→さ+せる	Saseru

○お母さんは　子どもに　鉛筆を　持たせる。

○兄は　弟に　お菓子を　買わせる。

この場合、「お母さん」「兄」は、させる人(使役者)主語になり、被使役者は「に格」で示した「子どもに・弟に」、目的語はそのまま「を」において、動詞は使役形へと改められる。

1)自動詞の使役態

自動詞の使役態は、働きかけられて、実際に行動を起こす主体は、「を格」で表わされるのが特徴である。この場合、「を格」を「に格」に入れ替えることもできる。

○学生が　　　　　笑った。(能動態)

○先生が学生を(に)　笑わせた。(使役態)
○子どもが　　　　　　塾に　行った。(能動態)
○母が　子どもを(に)が　塾に　行かせた。(使役態)

上記の用例で示したように、実際に行動を起こす主体は、「学生を」「子どもを」となるが、この場合「に格」で入れ替えて「学生に」「子どもに」のように表わすこともできる。教師が学生たちへ強制的に「笑え！」と命ずる場合もあり得るが、先生が面白い行動で、自然的に学生たちを「笑う」ような行動を起こさせる(誘発させる)ことで、自動詞の使役文を作ることができる。

使役態の文のなかで、「放任・許可」を表わす場合がある。この場合は、被使役者が「を・に格」で受ける

○　　　　　　子どもが　遊ぶ。(能動態)
○お母さんが　子どもを　遊ばせる。(強要性の使役態)
○お母さんが　子どもに(公園で自由に)遊ばせる。(放任・許可の使役態)

「子どもを　遊ばせる」の場合は、場合によっては強要性もあり得るが、一般的には「放任・許可」を表わす。また「子どもに　遊ばせる」のように「に格」で示す場合は、強要ではない「放任・許可」の意味合いを表わす。ただし前述したように、それを具体的に示す何らかの補語が要請される。

使役文の場合は、強要文だけしかないように思われがちであるが、このように自動詞を「を格」で指し示す場合もある。

○これは　僕らを　泣かせる　音楽だね。

○秋は　多くの　人々を　郷愁(きょうしゅう)に　浸(ひた)らせる。

注釈

こうした無生物主語の使役文にあっては、使役形こそ用いられていても、「私はその音楽を聴いて泣きたくなった」「秋になると郷愁に浸る人が多い」と能動形で解釈されるべきものである。近年まで日本の高校や大学入試の英文解釈の問題では無生物主語で使役文の英文をそのとおりに訳すと減点を免れなかったことは、2016年現在、40代半ば以上の人々の間では共通の記憶となっていよう。例えば「That sound of rain made me fell sad more.」は、「その雨音は私を一層感傷的にさせた」ではなく、「その雨音のせいで私は一層感傷的になった」と訳さなければ満点はもらえなかったほどである。ただ、表現の自由という観点から、現在では以前に比して格段に許容度が増し、大学入試問題以外では、個々人の翻訳手法が次第に重んじられつつある。入試問題に出されるような無生物主語の使役文は、日本語式に能動態で解釈すべき構文がほとんどであるが、それ以外の現実の英文にあっては、日本語に訳す場合、無生物主語使役文の原態をそのまま日本語訳しても決して奇異でないものが少なくないからである。

2)他動詞の使役態

他動詞の使役態は、働きかけられて、実際に行動を起こす主体は、「に格」で表わされるのが特徴である。この場合、働きかける人は、主語の「が格」で表わされるのである

○　　　太郎が　次郎を　殴った。(能動態)
○三郎が　太郎に　次郎を　殴らせた。(使役態)

○　　　生徒が　手紙を　書く。　(能動態)
○先生が　生徒に　手紙を　書かせた。(使役態)

上記の用例で示したように、実際に行動を起こす主体は、「太郎に」「生徒に」のように「に格」で表わされ、働きかける人は、「三郎が」「先生が」のように、主語で表わされるのが特徴である。

10-16-4.使役受身態

1)使役受身態とは何か？

使役受身態の文は、誰か第三者によって特定の対象に対し、特定の動作を働きかけるよう命じられる態である。使役体と動作主がいる場合に、動作主に視点が置かれ、動作が使役主の強制で行われることを表わす。動詞の語幹に「され」「させられ」がつくことで表現される。動作主には「が」、使役主には「に」が使用される。

行為の主体は、あくまでも自己なのだが、その動作は受動態と使役態とを融合した動詞で示されており、受動態を用いるのは、他者から

その動作をなすよう命じられたからである。自己にとっては受け身であっても、それを命じた他者からすれば使役となり、よってここに使役受身態の登場となる。文章で書くとやや複雑で、筆者も説明に困難を感じるが、まず具体例から見てゆきたい。

○その　捕虜たちは　戦勝国の命令で(によって)道路建設作業を　させられた。
○私は　母に　嫌いなニンジンを食べさせられた。
○私たちは　一年生の　ときから　教師に　動詞の　活用を覚えさせられた。
○私たちは　そこで　くだらない　プロパガンダ映画を　案内係に　見させられた。

注釈

ちなみに、統合失調症(旧称:精神分裂病)の患者がしばしば医師へ訴える苦痛に「させられ体験」というのがある。患者は医師を前にして「はい、私は確かに家に火をつけました。しかし、耳元で誰かが、『今、火をつけないとお前を殺しちゃうぞ』と脅迫するから、それでしかたなく火をつけたんです。はい、『私が火をつけた』んでなく、『私は誰かに火をつけさせられた』んです！」などと訴える。

医師以外の一般人には自己の罪業を他者へ転嫁する言い訳としか聞こえないが、精神医療の場では日常茶飯事となっている。とりわけ名高い例として、日本社会を震撼させた1989年夏の連続幼女誘拐殺人事件のM被告人(1963〜2008刑死)が法廷で、「私は　ネズミ人間に　沢山の　ビデオを　集めさせられた」と述べた事例が挙げられる。M被告人の弁明によれば、多量のビデオを集めたのは決して自発的な意志ではなく、夢の中でしばしば出くわした「ネズミ人間」の命令で、いやいやながら致し方なく集めざるを得なかった。その状況をこの使役受身態を用いて「集めさせられた」と表現したのである。集めたのはM被告人本人であるが、その行為は自発的なものではなく、「ネズミ人間」によって命じられたもの。したがって、本人にとっては受け身での行為であるが、「ネズミ人間」からすればM被告人を特定の行為に従事させる使役動作となり、その結果、「集める」でも「集められる」でもない、「集めさせられる」が登場するのである。被告人の弁明通りだとすれば、重篤な統合失調症を患っていたことになり、極刑を免れることができたはずであるが、検察側は詐病と見なしてこれを認めず、死刑判決が確定したことはよく知られている。

2)動詞の使役受身形の作り方

＜図1＞は、動詞の種類(五段動詞・上一段動詞・下一段動詞・カ行変格動詞・サ行変格動詞)別に、使役受身形の作り方を表わしたものである。

＜図1＞使役受身形の作り方

動詞の種類	基本形(辞書形)	使役受身形	作り方	
五段動詞	書く 話す	書かされる 話させられる	書か＋させられる 話さ＋せられる	Kaku Kaka-saserareru Hanasu Hanasa-serareru
上一段動詞	見る	見させられる	見＋させられる	Mi Mi-saserareru
下一段動詞	食べる	食べさせられる	食べ＋させられる	Taberu Tabe-saserareru
カ行変格動詞	くる	来させられる	こ＋させられる	kosaserareru
サ行変格動詞	する	させられる	し→さ＋せられる	Saserareru

10-16-5.直接対象の受身態

1)直接対象の受身態とは何か？

「直接の受身」とは、主語で表わす「は・が」の行為者が、その事態に直接かかわる人物である場合を指す。直接対象の受身態の場合は、行為者の対象を「を格」で表わすのが特徴である。この目的語を主語として受身態で表わすと、能動態の主語が受身態では、「に格」や「から格」で表わされる。このとき、「から格」で表わされる場合には、動作の起点を表わす「出所」の意味合いが認められる。すなわち、能動文の「を格」名詞が、受身文では「は・が」で表わす主語になるという構造である。このように他動詞による「を格」を取るので「直接受身態」のことを「他動詞の直接受身態」ともいう。この種の受身態を作る動詞類としては、「書く・作る・叱る・殴る・起こす・生産する…」などが挙げられる。

○太郎は(が)　次郎を　殴った。　(能動態)
○次郎は(が)　太郎に(から)　殴られた。　(受身態)

○先生は(が)　私を　叱った。　(能動態)
○私は(が)　先生に(から)　叱られた。　(受身態)

○新郎は(が)　新婦に　花を　渡した。　(能動態)
花が　新郎から　新婦に　渡された。
○新婦は(が)　新郎に(から)　花を　渡された。(受身態)

能動文は、行為をする側からみた場合である。この場合は、当然のことながら、行為者が主語になるのである。受身文の場合は、行為を受ける側(被行為者が主語)からみた場合である。この場合は、反対に行為を受ける側が主語になるのである。能動文から受身文に変わる場合、能動文で行為を受ける側になった「次郎」が主語になり、能動文で主語の位置で行為をする側になった「太郎」は、「に格」で示されるのである。この場合、受身態を作る動詞によっては、「に格」の代わりに

「〜によって(書く・作る・建てる・発明する・生産する・ほめる)」「〜から(作る・)」で表わすこともできる。例えば以下のようにである。

○太郎は(が)　次郎を　殴った。　(能動態)
○次郎は(が)　太郎によって　殴られた。(受身態)

○先生は(が)　私を　叱った。　(能動態)
○私は(が)　先生によって　叱られた。　(受身態)

一方、他動詞の直接受身態文の特徴は、主語が一般的に「人・動物」で指し示されるが、文のなかでは、人や動物名詞ではなく「風によって」「石によって」といった「モノ名詞＋によって」という形で表わされる。しかもこの「モノ名詞」部分は、往々にして省略される場合が多い。例えば以下のようにである。

○木の　皮が(風によって)はがれた。　(受身態)
○窓の　ガラスが(石によって)割られた。　(受身態)
○町の　家屋が(ハリケーンによって)壊された。　(受身態)
○鉄骨の　骨組(ほねぐ)みが(地震の際の衝撃によって)曲げられた。
(受身態)

2)直接受身態の構造

＜表1＞は、直接受身態の構造図を表わした場合である。他動詞による直接受身態の構造は、「Aは　Bを　する(他動詞)。」のような能動態の構造から、「Bは　Aに(から)　れる・られる」のような受身態の構造へと転換される。この「能動態と受身態」との構造関係をみると、次のような特徴が認められる。動作の主体は「A(行為者)」→「B(行為の対象)」、主格は「は・が」→「は・が」、動作の対象は「B(行為の対象)」→「A(行為者)」、格助詞は「を」→「に・から」、動詞の他動詞は「能動態動詞」→「受身態動詞」で、それぞれ表わされるのである。

＜表1＞直接受身態の構造図

態の種類	動作の主体	主格	動作の対象	格助詞	動詞 (他動詞)
能動態	A(行為者)	は・が	B(行為の対象)	を	する
受身態	B(行為の対象)	は・が	A(行為者)	に・から	れる・ られる
能動態	○太郎	は(が)	次郎	を	殴った。
受身態	○次郎	は(が)	太郎	に(から)	殴られた。

10-16-6.相手受身態

1)相手受身態とは何か？

「相手受身態」は「間接受身態」ともいう。能動態文は、主語で表わす

「は・が」の行為者が、その事態に直接かかわる人物であるものである。この場合、その「に格」の行為者の対象を主語として受身態で表わすと、能動態の主語(行為者)は「に格」や「から格」で表わされる。すなわち、能動文の「に格」名詞が、受身文では「は・が」で表わされる主語になるという構造である。

直接受身態の能動文では、動作の対象が「を格」で示されたが、相手の受身態文では「に格」で示される。受身文になっても格の変化がないのが特徴である。このとき、「から格」で表わす場合、動作の起点を表わす「出所」という意味合いが見られる。この種の受身態を作る動詞類としては、「質問する・話しかける・飛びつく・噛みつく…」などが挙げられる。

○先生は(が)　学生に　質問した。　(能動態)
○学生は(が)　先生に(から)　質問された。　(受身態)

○外国人が　私に　話しかけた。　(能動態)
○私は　外国人に(から)　話しかけられた。　(受身態)

○子どもが　お母さんに　飛びついた。　(能動態)
○お母さんは　子どもに(から)　飛びつかれた。　(受身態)

2)相手受身態の構造

＜表1＞は、相手の受身態の構造図を表わしたものである。「相手の受身態」の構造は、「Aは　Bに　する(自動詞)。」のような能動態の構造から、「Bは　Aに(から)　れる・られる」のような受身態の構造に変わるのである。この「能動態と受身態」との構造関係をみると、次のような特徴がある。動作の主体は「A(行為者)」→「B(行為の対象)」、主格は「は・が」→「は・が」、動作の対象は「B(行為の対象)」→「A(行為者)」、格助詞は「に」→「に・から」、動詞の自動詞は「能動態動詞」→「受身態動詞」とそれぞれ表わされるのである。

＜表1＞相手の受身態の構造図

態の種類	動作の主体	主格	動作の対象	格助詞	動詞 (自動詞)
能動態	A(行為者)	は・が	B(行為の対象)	に	する
受身態	B(行為の対象)	は・が	A(行為者)	に・から	れる・ られる
能動態	○先生	は(が)	学生	に	質問した。
受身態	○次郎	は(が)	太郎	に(から)	殴られた。

10-16-7.持ち主(所有者)の受身態

1)持ち主の受身態とは何か？

「持ち主の受身態」とは、能動態文で、主語で表わす「は・が」の行為者が、その事態に直接かかわる人物であるものである。ここでは、「を格」で示される直接対象の持ち主を示す「の格」を、受身文では主語とし、行為者は「に格」で表わされる。すなわち、能動文の「の格」名詞が、受身文では「は・が」で表わす主語になるという構造である。このようなことから、「持ち主の受身態」を「所有者の受身態」ともいう。その「が格」の行為者の対象を主語として受身態で表わすと、能動態の主語が受身態では、行為者を「に格」や「から格」で表わされる。このとき、「から格」で表わす場合、動作の起点を表わす「出所」という意味合いが見られる。この種の動詞類としては「奪う・壊す・噛む・踏む・破る・読む…」などが挙げられ、動作が所有者の一部を示さなければならない、という点が特徴となっている。

○太郎は(が)　次郎の　本を　奪った。(能動態)
○次郎は(が)　太郎に(から)　本を　奪われた。(受身態)

○弟は(が)　私の　日記を　読んだ。(能動態)
○私は(が)　弟に　日記を　読まれた。(受身態)

○犬は(が)　私の　手を　噛んだ。(能動態)
○私は(が)　犬に　手を　噛まれた。(受身態)
○私の手は　犬に　噛まれた。(非文)

上の用例で示した「犬は(が)　私の　手を　噛んだ」という能動文を、「私の手は　犬に　噛まれた」のように受身文に示した場合は、文法的に正しい文として成り立たないのである。もちろん意味は通じるけれども、正規な日本語文としては今のところ認められていない。

それは、「手」というのは、私の身体の一部分を指し示すものであって、「持ち主の受身文」による主語として表わすことはできない、と広く認識されているからである。

2)持ち主の受身態とは何か？

＜表１＞は、持ち主(所有者)の受身態の構造図を表わした場合である。「持ち主(所有者)の受身態」の構造は、「Aは　Bの　N(所有物)をする(他動詞)」という能動態の構造から、「Bは　Aに　N(所有物)をれる・られる」という受身態の構造へと転換されるのである。この「受身態」との構造関係をみると、次のような特徴が認められる。動作の主体は「A(行為者)」→「B(行為の対象)」、主格は「は・が」→「は・が」、動作の対象は「B(行為の対象)」→「A(行為者)」、格助詞は「の」→「に」、所有物を表わす対象格は「を」→「を」、動詞の他動詞は「能動態動詞」→「受身態動詞」とそれぞれ表わされるのである。

＜表1＞持ち主(所有者)の受身態の構造図

態の種類	動作の主体	主格	動作の対象	格助詞	所有物	格助詞	動詞(他動詞)
能動態	A(行為者)	は・が	B(行為の対象)	の	N(所有物)	を	する
受身態	B(行為の対象)	は・が	A(行為者)	に	N(所有物)	を	れる・られる
能動態	○太郎は(が)　次郎の　本を　奪った。						
受身態	○次郎は(が)　太郎に(から)　本を　奪われた。						

10-16-8.第3者の受身態

1)第3者の受身態とは何か？

「第３者の受身態」は、「迷惑の受身態」「被害の受け身」ともいう。「第3者の受身態」の特徴は、能動文では、迷惑や被害をうける側＝迷惑や被害をうける主体が存在しないが、受身文で表現されて、初めて迷惑を被った人が表されるのである。すなわち、能動文の動詞が表わす動作や行為によって、被害を受けるという第３者(能動文では表わさない)が、受身文では「は・が」で表わす主語になるという構造である。迷惑(被害)を受けた人が受身態の文では主語となるのである。

○雨が　降った。　　　　(能動態)
○(私は)雨に　降られた。　(受身態)

○どろぼうが　入った。　　　(能動態)
○(私は)どろぼうに　入られた。(受身態)

○　　　母が　死んだ。　(能動態)
○(私は)　母に　死なれた。　(受身態)

動詞のなかで他動詞の場合もこの種の「迷惑の受身態」を作ることができる。例えば、「子どもが　風邪で　熱を　出す」のような能動文が、「子どもに　風邪で　熱を　出される」のような受身文に表わした場合で、「熱」というもので迷惑や被害を受けた主語は、子どもで表わした場合である。

○子どもが　風邪で　熱を　出す。　　　(能動態)

○(私は)　子どもに　風邪で　熱を　出される。(受身態)

また、次のような用例の場合でも受身文を実現することができる。「友だちが　来た」という能動文が、「(私は)友だちに　来られた」という受身文になった場合である。ここで、迷惑や被害性とは、「私は丁度試験勉強をしようとしたとき、友達が来たので、その勉強ができなくなった」という意味での迷惑や被害である。

○　　　友だちが　来た。　(能動態)

○(私は)　友だちに　来られた。(受身態)

2)第3者の受身態の構造

＜表1＞は、第3者の受身態の構造図を表わした場合である。「第3者の受身態」の構造は、「Aが　する。」のような能動態の構造から、「(Bは)Aに　　れる・られる」のような受身態の構造に変わるのである。この「能動態と受身態」との構造関係をみると、そこには次のような特徴が認められる。被害を受ける側は「*」→「B(行為の対象)」、主格は「*」→「は・が」、動作の主体は「A(行為者)」→「A(行為者)」、格助詞は「が」→「に」、動詞の自動詞は「能動態動詞」→「受身態動詞」とそれぞれ表わされるのである。

＜表1＞第3者の受身態の構造図

態の種類	被害を受ける側	主格	動作の主体	格助詞	動詞(自動詞)
能動態	*	*	A(行為者)	が	する
受身態	B(行為の対象)	は・が	A(行為者)	に	れる・られる
能動態	○　　　雨が　降った。				
受身態	○(私は) 雨に　降られた。				

10-17. ヤリモライ(授受)

10-17-1.ヤリモライ(授受)とは何か？

「ヤリモライ」とは、やり手から受け取り手に、何かの物事が移動することを表わす表現である。また、話し手の視点や物が移動することによる方向性の視点によって、動詞をカテゴリー化する場合がある。「ヤリ手」と「モライ手」とのやり取りをするという、「やる(あげる)・もらう・くれる」の三つの表現が関係している動詞を、一般に「ヤリモライ動詞」(授受表現)というのである。このヤリモライ表現には、「物のヤリモライ」と「行為のヤリモライ」の2種類がある。

○太郎が　次郎に　本を　やった・あげた。

○次郎が　太郎に　本を　もらった。

○太郎が　次郎に　本を　くれた。

ここで、ヤリ手(渡し手)と受け取り手のどちらが主格であるかで、二つに分けることができる。

ヤリ手(渡し手)が主格	やる(あげる)·くれる
受け取り手が主格	もらう

上記の表現を、「読む」を例としてもっと詳しく表わすと次のようになる。そのヤリモライ動詞が、一般動詞と結合する場合は、第２中止めの形で「読んでやる・読んでやる・読んでくれる」のように表わすことができる。

○太郎が　次郎に　本を　読んでやった。（やる）
○次郎が　太郎に　本を　読んでもらった。(もらう）
○太郎が　次郎に　本を　読んでくれた。（くれる）

注釈

「ヤリモライ動詞」のなかで、「クレル」の場合、「太郎が　次郎に　本を　読んでくれた」の場合は、あくまでも文学作品などで、作者が「次郎」自身になったつもりで、「次郎」を主語として本文の叙述を進める際にのみ用いられるものである。ここは、本来ならば「太郎が　私に　本を　読んでくれた」とあるべきところである。つまり、「第3人称ヤリ手(主語)＋が＋第1人称モライ手　＋動詞第2中止めの形＋くれた」とするのが日本語として最も自然な形態だからである。

「あげる・くれる・もらう」には、「恩恵」という意味合いが含まれているので、その恩恵の関与しない行為に使われる場合は、不自然な文になってしまうのである。例えば以下のようである。

○先生は　学生に　宿題を　あげました。(非文)

上記の用例で、やり手の先生が、受け手の学生に宿題という物を「あげる」動詞を用いている。ここで注目すべきところは、「宿題」である。宿題とは、一般的に学生にとっては、好ましくないモノとして認識されている。そこで、恩恵の意味が含まれているので「あげる」を使うと非文になってしまうのである。このような表現では、「あげる」動詞を用いるより「出す」動詞を用いるのが好ましいのである。

○先生は　学生に　宿題を　出した。
○主人は　下僕に　ひまを　出した。

10-17-2.ヤリモライ(授受)動詞の種類

1)物のヤリモライの場合

物のヤリモライの場合は、物が移動する方向や物を与える人(与え手)と物を受け取る人(受け手)との関係を表わす。この場合「やる・くれる」を「ヤリ系」、「もらい」を「モライ系」と呼ぶ場合もある。「ヤリ系」の場合は、話し手の(内側)から相手(外側)へ物が移動するという意味合いを表わす。

また、「モライ系」の場合は、話し手の(外側)から相手(内側)へ物が移動するという意味合いを表わしており、これは二つの場合に分けることができる。

動詞	与え手		用例	受け手
あげる	話し手・私	うち(内)側	○私は友達に本をやった。	そと(外)側
くれる	話し手・私	そと(外)側	○友達は私に本をくれた。	うち(内)側

「あげる」「くれる」動詞が、文のなかで用いられる場合は、地位や年齢といった上下関係のある中で使用されるのが一般的である。「あげる→さしあげる」「もらう→いただく」「くれる→くださる」のような使い分けは、敬語の使い方と同じで、地位の上下、親しみの度合いに関わる親疎関係、会話の行われる場(状況)に応じ、知らない人に対しては、このような敬語表現が常用されるのである。

○私は　先生に　本を　さしあげました。
○私は　先生に　本を　いただきました。
○先生が　私に　本を　くださいました。

注釈

「くださいました」は、昔の言い方では「くださりました」であるが、こんにちではもはやテレビの時代劇の中でしか耳にしない。「り(ri)」を「い(i)」と略して「くださいました」のようにも用いるのが一般的である。これは、「すみません」を「すいません」のように用いる場合と同様である。

このように、動詞の第２中止形とヤリモライとが結合し、「～してヤル」「～してモラウ」「～してクレル」のような形になり、「シテヤリ態」「シテモライ態」「シテクレル態」のように、呼ぶこともできる

ヤリモライ動詞類	ヤリモライ動詞の用法
シテヤリ態	○太郎が　次郎に　本を　読んでやる。 ○太郎が　おばあさんに　本を　読んであげる。
シテモライ態	○次郎が　太郎に　本を　読んでもらった。
シテクレル態	○太郎さんが　私に　本を　読んでくれた。

ここで注目したいのは、「シテクレル態」の特異性である。この場合「ヤリ手」と「モライ手」との間には面識以上の深い間柄があり、したがって、「ヤリ手」には「さん」や「先生」などの敬称が添えられ、一方、

「モライ手」は第一人称の「私」もしくは「私たち」が用いられる、という事例がほとんどである。

上記のように、「あげる・もらう・くれる」は、受け手が、受け取るものを「いいものだ」と感じるとき、一般的に用いられるが、ただし、「もらう」は、「好ましくないもの」にも、慣用的に用いる場合がある。

○両親から　誕生日の　プレゼントを　もらった。

○遊んだので　両親から　小言を　もらった。

○素性(すじょう)の知れない男性と交際したために、彼女は性感染症をもらった。

10-17-3.シテヤリ態

「シテヤリ態」には、「やる・あげる・あたえる・さしあげる」のような動詞が用いられ、「与え手」の「私」と「受け手」とのやりとりを核として「与え手」側が「物」を「受け手」側に「あげる」という行為を表わす場合である。

与え手(内)	用例	受け手(外)
太郎・私	○太郎(私)が　次郎に　本を　やる/あげる。	目下の人
太郎・私	○太郎(私)が　友達に　本を　あげる。	友達や対等の人
太郎・私	○太郎(私)が　先生に　本を　さしあげる。	目上の人/親密度の低い人

ここで、「さしあげる」の場合は、かなり敬った形の敬語(謙譲語)であり、「さしあげる」対象が目の前にいる場合には、その対象へ過度の驚きと対応上の苦慮を与えないために、それ自体を使わず、他の言い回しで代用するのである。例えば、次の用例に注目してほしい。

○先生、私の　国の　お土産を　さしあげます。(使用しない)
○先生、これは　私の　国の　お土産です。どうぞ(使用する)

「シテヤリ態」の用法で、「1人称」側が、「２人称・３人称」側に、「３人称」側はある「３人称」側に対しなんらかの行為を働きかける。

○太郎は　アメリカの留学生に　本を　あげた。
○アメリカの留学生は　韓国の留学生に　本を　あげた。

また、「やる」「あたえる」を使うのは、受け手が「動物や植物」のときや、受け手が与え手より明らかに目下のとき(特に幼児)に用いるのである。

○私は　猫に　エサを　やる。
○私は　庭の　花に　水を　やる。
○子供に　まったくお菓子を　与えないで　育てた方〜。

10-17-4.シテクレル態

「シテクレル態」は、「くれる・くださる」のような動詞があり、「与え手」と「受け手」とのやりとりを表わす場合で、「与え手」側が「物」を

「受け手」側に「くれる」という行為を表わす。

与え手(内)	用例	受け手(外)
太郎	○太郎が/は　次郎に　本を　くれる。	次郎(目下の人)
先生	○先生が/は　私に　本を　くださる。	私(目下の人)

また、「外側のグループの人」が、「内側のグループの人(私・家族・私の友達・私の会社の人など)」に、何かを「くれる」という行為を表わす。

○会社の　社長が　私に　本を　くれた。
○友達が　私に　本を　くれた。
○兄が　私に　本を　くれた。

与え手(内)	用例	受け手(外)
会社の人	○会社の社長が　私に　本を　くれた。	私
私の友達	○友達が　私に　本を　くれた。	私
家族	○兄が　私に　本を　くれた。	私
会社の人	○会社の社長は　友人の王さんに　本を　くれた。	私の友達
私の友達	○友人の王さんは　私の弟に　本を　くれた。	家族
家族	○弟は　私に　本を　くれた。	私

注釈

「シテクレル態」の用法のなかで、「外側」から「外側」に、ある物が移動する場合は、「くれる」は使うことはできず、一般に「あげる」が使用されるのである。

〇ある人が　留学生に　本を　くれた。(使用しない)

〇ある人が　留学生に　本を　あげた。(使用する)

10-17-5. シテモライ態

「モライ態」は、「もらう・いただく」のような動詞があり、「受け手」と「与え手」とのやりとりを表わす場合で、「受け手」側が「与え手」側に「物」を「もらう」という行為を表わす。このとき、受け手を指し示す「に格」は、出所を表わす「から格」に入れ替えが可能である。

与え手(内)	用例	受け手(外)
先生(目上の人)	〇学生が/は　先生に　本を　もらう。	学生
学生	〇先生が/は　学生から　本を　いただく。	先生(目上の人)

「モライ態」の用法で、「１人称」で表わされる側が、「３人称」で表わされる側から「もらった」「いただいた」という場合がほとんどであ

り、その逆(例:兄は私　に/から　本をもらった)は文学作品などで特殊な表現が作者の意思によりことさら用いられた場合などを除き、見かけることはまれである。また、文法的にも問題ある表現とされる。なお、「受け手」が、文脈や状況から明らかな場合は、省略されることもある。

〇私は　兄に　本を　もらった。
〇私は　兄から　本を　もらった。
〇これは　兄に　もらった　本です。
〇これは　兄から　もらった　本です。

次は、「３人称」側が、ある「３人称」側によって、行為を表わした場合である。

〇私の妹は　留学生から　バラの花を　もらった。

一方、「モライ態」の動詞のなかでも、「いただく」「さしあげる」の場合、家族間での物の授受には、普通使うことができない。ただし、目上・年長の身内とじかに話すとき、あるいは、身内の間で話すときには、特に用いられており、数ある日本語表現の中でも、とりわけ美しい日本語表現であると言えるだろう。その場合は、地の文と区別して、「　」内に会話として示されるのが通例である。

〇家の祖父に(から)　誕生日の　プレゼントを　いただきました。(使用しない)

○家の祖父に(から)　誕生日の　プレゼントを　もらいました。
(使用する)

○「お母さん、あのね、太郎おじさん　から、
こんな　素敵な　マフラー　いただいたのよ！」(使用する)

第11章.

形容詞・形容動詞

第11章. 形容詞・形容動詞

11-1. 形容詞とは何か？

形容詞は、自立語で活用があり、意味の上から考えると、物事の性質や状態を動かないモノ、変化しないモノとしてとらえた（規定する）品詞である。また、述語としても働く。こうした背景を帯びて、動詞や助動詞とはまた違った活用体系をもつ。形容詞には、単語の形から見ると、言い切りが語尾に「～い」「～しい」の形で終わる二種類のものがある。

1)「～い」が付く形容詞

高い・低い・安い・暑い・寒い・近い・遠い・深い・浅い…

○日本には　高い　富士山が　ある。

○日本の　富士山は　高い。

2)「～しい」が付く形容詞

美しい・楽しい・香(こう)ばしい・涼しい・激しい・嬉しい…

○上野公園には　美しい　花が　ある。

○上野公園の　バラのはなは　美しい。

また、形容詞・形容動詞は、海外の日本語教科書にあっては「い形容詞・第一形容詞(形容詞)」と、「な形容詞・ 第二形容詞 (形容動詞)」と表現されることも多い。しかし、ここでは学校文法を中心とする伝統的な用語に従って、「形容詞」と「形容動詞」の二つの用語を用いる。

◯登山家が　高い　富士山を　登った。　(形容詞)
◯美しい　100万本バラが　校庭に　咲く。　(形容詞)
◯真っ赤(まか)な　リンゴが　美味しそうに　実っている。(形容動詞)
◯長嶋茂雄は　有名な　野球選手である。　(形容動詞)

11-1-1.形容詞の活用

＜表1＞は、学校文法の活用表(形容詞・形容動詞)を表わしたものである。形容動詞は、その名の通り、動詞的な性質と、形容詞的な性質とをもちながら、形容詞と同様に、自立語で活用があり、性質・状態を表わす単語で、述語としても働き、文末(言い切り)で用いる場合は、「静かだ・きれいだ・積極的だ]のように「だ」で終わる。こうした背景を帯びて、動詞や助動詞とはまた違った活用体系をもつ。

＜表1＞学校文法の活用表(形容詞・形容動詞)

	形容詞		形容動詞	
基本形	高い	美しい	有名だ	静かだ
語幹	高	美し	有名	静か
未然形	高かろ(う)	美しかろ(う)	有名だろ(う)	静だろ(う)

連用形	高かっ(た) 高く(ない)(なる)	美しかっ(た) 美しく(ない)(なる)	有名だっ(た) 有名(で) 有名(に)	静かだっ(た) 静(で) 静(に)
終止形	高い	美しい	有名だ	静かだ
連体形	高い(とき)	美しい(とき)	有名(な)+とき	静か(な)+とき
仮定形	高けれ(ば)	美しけれ(ば)	有名(なら)+ば	静か(なら)+ば
命令形	○	○	○	○

*形容詞・形容動詞の活用のしかたは、上の表の1種類しかなく、口語では「命令形」がないのが特徴でもある

11-1-2.形容詞の音便形

形容詞が、「存じます」「ございます」のような丁寧語と結合する場合は、形容詞の語尾が、＜表1＞のように音便変化する場合があるが、このようなことを「形容詞のウ音便形」というのである。とりわけ常用される例こそ、「ありがとう　ございます」である。形容詞「ありがたい」が「ございます」と結合した際、「ありがとう」と音便変化を生じたのである。＜表1＞ではこれ以外の例をいくつか挙げたい。

＜表1＞形容詞の音便形

変化の様子	形容詞	音便変化	音便形	音便形＋ございます
〜aい → 〜oう	たかい (高い)	Takai→takoU	たこう	たこうございます

～iい → ～yuう	おいしい (美味しい)	oishi→oishyuU	おいしゅう	おいしゅうございます
～uい → ～uう	かるい (軽い)	karui→karuU	かるう	かるうございます
～oい → ～oう	おもい (重い)	omoi→omoU	おもう	おもうございます

*「～eい」という形の形容詞はないので、注意すべきである。

注釈

＜形容動詞の特殊な用法＞

形容動詞「静かだ」が、助動詞の「そうだ」と結合して表わす場合であるが、次の1) 2)に注目してほしい。

1)語幹 「静か(名詞)」 ＋「そうだ(助動詞)」＝「静かそうだ」

2)基本形「静かだ(形容動詞)＋「そうだ(助動詞)」＝「静かだそうだ」

1)2)ともに、どちらも正しいものであるが、「そう」の意味が若干違うのである。1)の「静かそうだ」の「そう」は、形容動詞「静かだ」の語幹と結合し、「～という様子だ」という、様態を表わす意味合いで用いられている。 一方、2)の「静かだそうだ」の「そう」は、形容動詞「静かだ」の終止形と結合し、伝聞の意味合いで用いられている。つまり、こちらは「～という話だ」という意味合いを持っているのである。

11-1-3.形容詞のテンス・ムード

＜表1＞は、「高い」の形容詞が、テンス（現在形・過去形）やムード（断定形・推量形）の文法的なカテゴリーのなかで、普通体と丁寧体、肯定体と否定体を表わしたものである。形容詞の場合は、動詞のように、勧誘形と命令形がないのが特徴である。

＜表1＞形容詞のテンス・ムードの場合（高い）

文法形式	時制	肯定・否定	普通体	丁寧体
断定形	現在形	肯定体	高い	高いです
		否定体	高くない	高くありません
	過去形	肯定体	高かった	高かったです
		否定体	高くなかった	高くありませんでした
推量形	現在形	肯定体	高いだろう	高いでしょう
		否定体	高くないだろう	高くないでしょう
	過去形	肯定体	高かっただろう	高かったでしょう
		否定体	高くなかっただろう	高くなかったでしょう
勧誘形	*	肯定体	*	*
		否定体	*	*
命令形	*	肯定体	*	*
		否定体	*	*

1)断定形の場合

○日本の　富士山は　高い。

○あの老人は　以前は　もっと　背が　高かったけど〜。

2)推量形の場合

○そりゃコンビニは薄利多売(はくりたばい)だからな、売上は高いだろうよ。

○もっとキャリアがあったらならギャラ高かっただろうなぁ〜。

11-1-4.形容詞の種類

形容詞の分類法はいろいろあるが、人やモノの性質や状態などを想定し、人の性質や状態、モノの性質や状態、ことがらの性質、また人の心の状態のように分類することができる。

1)人の性質

形容詞　:賢い・大人しい・ずるい・勇ましい・
形容動詞:まじめな・利口(りこう)な・けちな・立派(りっぱ)な・有名な

○賢い　女性は　上手に　男性を　操(あやつ)ります。

○その　ずるい　男は　A君と　いいます。

○将来、立派な　大人に　なりたい。

2)人の状態

形容詞　:小さい・大きい・太い・高い
形容動詞:ぜいたくな・貧乏な・幸せな・不幸な・貧弱な

○当事者の小さい　子も　きっと貴方(あなた)から　学んだことは　あると思う。
(法律相談における弁護士からクライアントへの語り掛け)

○あそこの　背が　高い　女子！

○幸せな　結婚を　する　ための　本。

3)物の性質

形容詞　:赤い・はやい・甘い
形容動詞: 丈夫な・頑丈な・堅固(けんご)な・堅牢(けんろう)な

○あの　赤い　リンゴが　美味(あい)しく　みえる。

○マラソンの　選手は　足が　はやい。

○丈夫な　傘を　探しています。

4)物の状態

形容詞　:大きい・広い・重い・軽い・丸い・少ない・明るい・新しい
形容動詞:平らな・まっすぐな・巨大な・真っ赤な・真っ直ぐな

○大きい　バッグが　大好きです。

○人々の苦しみをよそに、自分だけ　肥(こ)え太(ふと)った　あの　丸い　お尻が　許せない。

○平らな　地面を　ゆっくり　歩いた。

○巨大な　恐竜の　卵の　化石群を発見。

○あの日　人々は　真(ま)っ赤(か)な　空を　見たのだろうか。

○真(ま)っ直(す)ぐな　線を　描く。

5)人の感情

形容詞　:嬉しい・怖い・寂しい・有難い・恥かしい・苦しい・欲しい・

形容動詞:好きな・嫌いな・残念な・

○先日、とても　嬉しい　メールを　頂きました。

○すごく　怖い　女性が　同じ　マンションの　隣の部屋に
　越して　来た。

○残念な　ニュースです。

6)人の感覚

形容詞　:暑い・冷たい・かゆい・煙い・痛い・眠い・だるい

形容動詞:冷静な・温厚な・厳格な

○北国(きたぐに)の　冷たい　風が　吹いている。

○ここ　1ヶ月ほど　ずっと　食後に　胃が　痛いです。

7)事柄の性質

形容詞　:よい・悪い・正しい・煙い・痛い・眠い・だるい
形容動詞:無理な・もっともな・むちゃな・ばかな・静かな

○よい　温泉の　施設　概要や　アクセス　情報です。
○今の　小学生って　こんな　難しい　問題　解いてるのか。
○まず「正しい走り方」を　知ることが　大事!
○ひとりの　中年男が、とびっきり『無理な　恋愛』をした。

11-1-5.属性形容詞と感情形容詞

形容詞や形容動詞を分類する方法として、その特性によって「属性形容詞」「感情形容詞」のように分類する。人やモノの客観的な感情や感覚を表わす場合は「属性形容詞」、人の主観的な感情や感覚を表わす場合は「感情形容詞」と言う。

1)属性形容詞

属性形容詞は、物や人の客観的な性質や状態を表わすものである。主格で示されるものは、性質や状態の持ち主を「形容」している。この場合、名詞の属性を表わす場合は、「は格」「ガ格」をとることが多い。

形容詞　:大きい・重い・早い・冷たい・丸い・大人しい・低い・短い・細い
形容動詞:有名な・元気な・丈夫な・きれいだ・にぎやかだ

○宇宙は　広い。

○気持ちが　重い。

○標高が　高い。

○あの　スイカは　大きい。

○あの　カバンは　重い。

○太陽は　まぶしい。

○バラは　とげが　痛い。

2)感情・感覚形容詞

感覚形容詞は、物や人の主観的な感情や感覚を表わすものである。主格で示されるものは、感情や感覚の持ち主を「形容」している。感覚形容詞は、対象として「が格」をとるのが特徴である。

形容詞　:痛い・かゆい・まぶしい・眠い・悲しい・嬉しい・恋しい・愛しい

形容動詞:好きな・嫌(いや)な

○右の　肩が　痛い。

○背中が　かゆい。

○花子の　輝く　ばかりの　笑顔が　まぶしい。

○手足が　痛い。

○故郷が　恋しい。

○頭が　痛い。

感情・感覚形容詞は、肯定文にあってはもっぱら話し手の感情や感覚しか表示できない。しかしながら、疑問文にあっては聞き手側の感情･感覚をも問うことができる。

○私は　寂しいです。

○あの人は　寂しい(の)ですか？

○頭が　痛いです。

○どこが　痛い(の)ですか。

3)感情･感覚の対象の「が」

感情や感覚を表わす形容詞の場合は、対象を表わす部分を「が」格で指し示すという点で、他の形容詞とは明瞭に区別される。

○おばさんは　ふるさとが　恋しい　です。

○彼の　言葉が　うれしかった　です。

感情は部分を示せないが、感覚は身体や精神の特定の一部分を指し示すことができる

○おれの　耳が　痛い　です。

○私の　胸が　苦しい　です。

○私の　目が　かゆい。

○私の　手足が　寒い。

11-2. 形容動詞とは何か？

形容動詞は、その名の通り、動詞的な性質と、形容詞的な性質とをも

ちながら、形容詞と同様に、自立語で活用があり、性質・状態を表わす単語で、述語としても働き、文末(言い切り)で用いる場合は、「静かだ・きれいだ・積極的だ]のように「だ」で終わる。こうした背景を帯びて、動詞や助動詞とはまた違った活用体系をもつ。

11-2-1.形容動詞のテンス・ムード

＜表1＞は、「静かだ」の形容動詞が、テンス(現在形・過去形)やムード(断定形・推量形)の文法的なカテゴリーのなかで、普通体と丁寧体、肯定体と否定体を表わしたものである。普通体は「～だ体」「～です体」「～である体」を例とし、丁寧体では「～である・ます体」を例とした。形容動詞も形容詞の場合と同様、口語では勧誘形と命令形がないのが特徴である。

＜表1＞形容動詞のテンス・ムードの場合(静かだ)

文法形式	時制	肯定・否定	普通体	丁寧体
断定形	現在形	肯定体	(ダ体)　静かだ	*
			(デス体)静かです	*
			(デアル体)静かである	*
				(デアリマス体) 静かであります
		否定体	(デアル体)静かで(は) ない	(デアリマス体) 静かで(は)ありません

断定形	過去形	肯定体	(ダ体)静かだった	*
			(デス体)静かでした	*
			(デアル体)静かであった	*
				(デアリマス体) 静かでありました
		否定体	(デアル体) 静かで(は)なかった	(デアリマス体) 静かで(は)ありませんでた
推量形	現在形	肯定体	(ダ体)静かだろう	*
			(デス体)静かでしょう	*
			(デアル体)静かであるだろう	*
				(デアリマス体) 静かでありましょう
		否定体	(デアル体) 静かで(は)ないだろう	(デアリマス体) 静かで(は)ない(こと)でありましょう
	過去形	肯定体	(ダ体)静かだっただろう	*
			(デス体)静かだったでしょう	
			(デアル体)静かであっただろう	
				(デアリマス体) 静かであった

		否定体	(デアル体) 静かで(は)なかっただろう	(デアリマス体) 静かで(は)なかった(こと)でしょう
勧誘形	*	肯定体	*	*
		否定体	*	*
命令形	*	肯定体	*	*
		否定体	*	*

1)断定形の「〜だ・です・である体」で表わす場合

○あの　会議室は　なぜか　静かだな。

○立川駅から　少し離れているため　静かです。

○ただ今　池の整備中、池は今日も静かである。

2)推量形の「〜だろう・でしょう・であるだろう体」で表わす場合

○深夜は　みんな　寝静まるから　旅館中(りょかんじゅう)　静かだろォ?

第12章.
副詞

12-1. 副詞とは何か？
12-2. 副詞の種類
12-3. 副詞の作り方
12-4. 陳述副詞

第12章.副詞

12-1.副詞とは何か？

副詞は、単独で文節を作ることができ、主として連用修飾語「用言(動詞・形容詞・形容動詞)を修飾する語」となる品詞をいうのである。副詞の働きはいろいろあるが、まず顕著な働きとしては、①状態を限定する働き　②程度を限定する働き　③述べ方を限定する働きなどがある。そして副詞に表現できないこととしては、①名詞のように主語になれない。②活用系はなく、単独では述語になれない。③接続詞のように、前後の語句に応じて語形が変化することはできない、という三点に注意すべきであろう。

1)動詞を修飾する場合

○患者の　病状は　すっかり　よくなりました。(派生動詞)

2)形容詞を修飾する場合

○会長の別荘は　ここから　かなり　遠い。

3)形容動詞を修飾する場合

○あのクラスは　とても　静かだ。

4)体言を修飾する場合

○その車は　われわれの　車の　ずっと　前を　走る。

5)副詞を修飾する場合

○あの車に　もっと　ゆっくり　走る　ように　伝えて　くれ！

(もっと走る、ゆっくり走る、もっとゆっくり走る)

6)擬声語で表わす場合

○車が　ブォーンと　走る。

7)擬態語で表わす場合

○痩せた女性が　その　隙間から　中へと　すっと　入る。

注釈

このように副詞は、主に用言を中心に修飾するという働きをするが、副詞の中には用言ではない副詞を修飾する場合がある。例えば、下記の用例で、「ゆっくり　歩け」のように、副詞「ゆっくり」が動詞「歩け」動詞を修飾しているが、「もっと」という副詞が「ゆっくり」という副詞を修飾しているのが分かるだろう。

○疲れるから　もっと　ゆっくり　歩け。

12-2. 副詞の種類

副詞の種類は、いろいろ分け方があるが、ここでは「動きの様子」「状態の様子」「量・程度」「陳述副詞」「時間副詞」といったカテゴリーに注目して分類した。

1)動きの様子

さらさら・ざあざあ・ゆっくりと

○夏の　小川が　さらさら(と)　流れる。

○風呂場で　湯を　ざぶざぶ(と)　身体に　かける。

○おじいさんが　ゆっくり(と)　腰を　上げる。

○一度　ゆっくり　お話し　したい。

2)状態の様子

ピカリと・詳しく・堂々と・真っ直ぐに・のんびり・どっぷり

○猫の目が　やみの中に　ぴかりと　光った。

○今朝、私の実家に帰ってきて、のんびり年越(としこ)ししています。

○墨に　筆先　を　どっぷりと　つける。

○胸を　張って　堂々と　歩きたい。

3)量・程度

動詞が示す運動や状態の量・程度、形容詞が示す性質や状態による、

「程度」を表わすものである。

すこし・ちょっぴり・たくさん・うんと・・・
ごく・わずかに・やや・はなはだ・きわめて・だいぶ・・・
ひどく・ばかに・いやに・もうれつに・・・

○少し　辛(から)い　ラー油が　入った　らーめんです。
○あなたの　幸せを　ちょっぴり　分けてね。

○新聞は　大統領の　病状に　ついて「わずかに　改善を　見せている」と　伝えた。
○はなはだ　残念で　ある。

○この　本は　いやに　難しい。
○もうれつ(猛烈)に　勉強する。

4)陳述副詞

陳述副詞は、一般の副詞とは異なり、動詞・形容詞などが表わす内容をより詳しく叙述するものではなく、文が表わす内容に対し、話し手の程度・気持ちを取り上げ方などを表わすものである。

きっと・かならず・たぶん・断(だん)じて・どうぞ・もし・たとえ・決して・・・

○高橋先生は　毎朝　かならず　散歩する。
○たとえ　徒労(とろう)と　なっても　やって　みよう。

5)時間副詞

動詞が示す、運動による時間の長さや程度を表わす場合である。

まもなく・やがて・いつか・かつて・さしあたり・当面(とうめん)・まだ・・・

しばらく・ながらく・・・

○太郎が　帰って、まもなく　次郎が　来た。

○社会へ出てから、やがて　2年に　なる。

○この好天(こうてん)は　しばらく　続く　だろう。

○ここ　しばらく　雨が　降らなかった。

○長らく　お待たせ致しました。これより大会を始めます。

12-3. 副詞の作り方

他の品詞から副詞に転成される場合、その原材料として形容詞と形容動詞が指摘できる。形容詞が副詞に転成される場合は、語尾の「い」を「く」に変えると、形容詞は副詞(副詞的な、しかしあくまでも形容詞の変種と見る説もあるが)へと変わるのである。

1)形容詞　→　副詞

形容詞	副詞	例文
高い	高く	○物価が　高く　なる。
青い	青く	○空が　青く　晴れ渡った。
長い	長く	○麺を　長く　伸ばした。
大きい	大きく	○木を　大きく　育てた。
丸い	丸く	○ピザの　生地(きじ)を　丸く　する。

また、形容動詞が副詞に転成される場合は、語尾の「な」を「に」に変えると、形容動詞は副詞（前出の場合と同様、副詞的な、しかしあくまでも形容動詞の変種と見る説もあるが）へと変わるのである。

2)形容動詞　→　副詞

形容動詞	副詞	例文
元気な	元気に	・子どもが　元気に　育って　いる。
頑丈な	頑丈に	・建物を　頑丈に　建てて　いる。
静かな	静かに	・深い　川は　静かに　流れる。
真っ赤な	真っ赤に	・太陽が　真っ赤に　燃えて　いる。
大切な	大切に	・モノ　作(さく)りを　大切に　する。
平らな	平らに	・砂の　山を　平らに　する。

12-4. 陳述副詞

12-4-1.陳述副詞とは何か？

陳述副詞には、独特の「呼応関係」がある。上に列挙したのと重複するが、読者に個々の副詞を一層印象づけるべく、敢えて繰り返したい。おおまかに言って、ある単語を用いると、その後にそれに応じて特別な言い回しが現れる。このような表現を「呼応関係」という。このように、その呼応関係を表わす働きには、「断言を要求する副詞」「疑いや仮定を要求する副詞」のように分けることができる。

12-4-2.陳述副詞と呼応関係

＜表1＞は、陳述副詞が用いられる場合に、それと呼応する単語との関係を表わしたものである。このように、陳述副詞と「呼応する単語」とが組み合わさり、「推量」「打消し」「願望」「疑問」「打消推量」「断言・言い切り」「仮定」といった意味合いが実現されるのである。

＜表1＞陳述副詞と呼応する単語との関係

意味	副詞の種類	呼応する表現
推量	おそらく・きっと	だろう
打消し	けっして・少しも	ない
願望	必ず・ぜひ・どうか・まさに	たい・ほしい
疑問	なぜ・どうして	か

打消推量	まさか・よもや	まい・ないだろう
断言・言い切り	まるで・ちょうど・必ず	のようだ・なさい
仮定	もし・万一・かりに・たとえ	ても・ば・なら・たら

12-4-3.陳述副詞の種類

1）断言的な表現を要求する副詞

①肯定(願望)を要求する副詞

必ず・ぜひ・まさに・どうか

○明日の　会議には　必ず　参ります。

○頼むから　どうか　助けて　ほしい。

②打消しを要求する副詞

けっして・少しも

○彼は　決して　尋常一様（じんじょういちよう）の　日本語の　先生ではありません。

○飲み水は　もうあと　少しも　残って　おりません。

③例えを要求する副詞

まるで・さも・あたかも

○キムタクは　なぜ　ジャニーズに　残ったのか。

○このダイヤモンドは　まるで　本物の　ようだ。

2)疑い(疑問)・仮定的な表現を要求する副詞

①疑い(疑問)や仮定を要求する副詞

もし・仮に・たとえ・どうして・なぜ

○たとえ　それが　正しいことだとしても　やるべきでない。

○私の　答えが　もし　間違いだったら　ご連絡下さい。

②推量を要求する副詞

おそらく・たぶん・まさか

○明日は　恐らく　雨が　降るだろう。

○彼の　けがは　多分　大丈夫だと　思う。

第13章.

連体詞

13-1. 連体詞とは何か？

13-2. 連体詞の種類

13-3. 他の品詞と連体詞との区別の仕方

第13章. 連体詞

13-1. 連体詞とは何か？

連体詞は、自立語として活用せず、必ず体言(名詞)を修飾し、主語・述語となることの不可能な品詞である。なお、形容詞が連体詞になる場合は、物事を限定する場合や、程度を指し示す場合に限られる、という特徴が見られる。

名詞を修飾するといっても、連体詞とは言えない場合がある。例えば、「高い山」の場合は形容詞であり、「やや西」の場合は副詞である。(連体詞とは別に、体言を修飾するのは形容詞や形容動詞であるが、動詞を修飾するのは副詞である。)

○この　山は　ここが　一番　高い。

○散歩には　その　道が　よい。

○昔　ある　ところに　お爺さんと　お婆さんが　住んでいました。

○世の中には　いろいろな　国が　ある。

13-2. 連体詞の種類

連体詞の数は少ないが、その種類別に分けると、「の」で終わる場合、

「る」で終わる場合、「な」で終わる場合、「た・だ」で終わる場合、「た・だ」で終わる場合、「が」で終わる場合、などに大別できる。

1)「の」で終わる場合

この・その・あの・どの

○その　本は　読んだ　ことが　あります。

○どの　方が　美智子さんですか。

2)「る」で終わる場合

ある・いかなる・去る・来たる・あらゆる・いわゆる

○あらゆる　方法を　使って　探してみました。

○いかなる　事情が　あっても　絶対　許しませんよ。

3)「な」で終わる場合

大きな・小さな・おかしな

○彼は大きな　会社に　勤めている。

○おかしな笑い　方は　よくありません。

4)「た・だ」で終わる場合

たいした・たった・とんだ・たまげた

○彼が　持っているのも　大(だい)した　ものではない。

○そして今も、恥ずかしいとは思っても、とんだ　過(あやま)ちを犯したとは思っていない。

5)「が」で終わる場合

我が・我らが

○我が 国は エチオピアです。アフリカにあります。

○聳(そび)ゆる 甍(いらか)は われらが 母校。(早稲田大学校歌)

13-3. 他の品詞と連体詞との区別の仕方

1)代名詞と連体詞

指示代名詞のなかで、物・事柄・人を指し示す「これ・それ・あれ・どれ」が、「この、その、あの、どの」のように表わす。

代名詞	○私の 本は これです。
連体詞	○私のは この本です。

2)動詞と連体詞

動詞のなかで、「ある」存在の動詞が、連体詞で用いる場合もある。

動詞	○東京 に ある 本屋で 買いました。
連体詞	○東京 の ある 本屋で 買いました。

3)形容詞と連体詞

「大きい」と「大きな」とはほぼ同義語であるが、後者は連体詞に属している。学者によっては後者を形容動詞と見なす向きもあるが、本書では採らない。「大きな」以外の他の活用形を見かけず、唯一の例外としては関西弁の「大きに(ありがとう)」が挙げられるのみであり、口語標準語における形容動詞と見なすことが困難だからである。

形容詞	○花子は　大きい箱に　貴重な　宝石を　入れた。
連体詞	○花子は　大きな箱に　貴重な　宝石を　入れた。

4)形容動詞と連体詞

形容動詞のなかでも、「より多く認められる」要素が連体詞として用いられる場合がある。

形容動詞	○上野のアメ横市場には　静かなところ(特定の場所)が　ある。
連体詞	○にぎやかなその市場にも　静かな時間帯(側面、性質)が　ある。

注釈

＜＜連体詞と形容詞とを区別する方法＞＞

＜連体詞＞は、活用することなく、＜連体修飾語＞にしかならない。＜形容詞＞の活用は、動詞に比すればごく単調であり、＜連体修飾語＞のほか、＜連用修飾語＞にも、＜述語＞にもなる。

「大きな」は連体詞である。「大きなスイカ」のように、連体修飾語になる。「大きい」は形容詞である。「大きいスイカ」のように、連体修飾語になる。活用するので、「大きく」と活用させれば、「目を大きく開ける」のように、連用修飾語にもできる。「あのスイカは大きい。」の場合は、「大きい」は述語になる。

＜形容詞＞「大きい」は、「大きかろ(う)、大きかっ(た)・大きく(なる)、大きゅう(ございます)、大きい(。)、大きい(こと)、大きければ(ば)」と活用する。

「大き」のあとの「かろ、かっ・く・う、い、い、けれ」は、どの形容詞でも同じである。

つまり、形容詞に「～な」という形はあり得ないのである。もしも「大きな」が形容詞なら、他の形容詞、たとえば「美しい」にも「美しな」という形があるはずだが、実際にはないので、「大きな」は形容詞ではないということが納得できるだろう。

一方、＜連体詞＞には「大きな、小さな」のほか、「この、あの、あらゆる、いわゆる、たいした、とんだ、わが」などの例がある。

1)連体詞と形容詞は、活用するか、活用しないかによって区別する。

○庭に　大きい　　スイカが　ある。(形容詞)

○庭に　大きいな　スイカが　ある。(連体詞)

「小さい」(～かろ、～かっ、～く、～い、～い、～けれ)

「小さな」(活用変化なし)

2)主語とその語をいれかえて文を作り、「ある」を除いたうえ、それでも全体の意味が通じれば、その語は形容詞である。

◯学校には　大きい　木が　ある。(形容詞)

◯学校には　木が　大きな。(意味が通じない)

3)連体詞と代名詞を区別する方法としては、名詞を修飾していれは連体詞、下に助詞が付いていれば代名詞である。

◯この　本は　面白い。(連体詞)

◯これ　は〔助詞〕　面白い。　(代名詞)

第14章.
接続詞

第14章.接続詞

14-1.接続詞とは何か？

接続詞とは、接続語として使われ、前の部分と後の部分とがどんな関係で接続しているかを表わす。自立語ではあるが、語形変化せず、主語にも述語にも修飾語にもならず、文や文節をつなぐ接続語としてのみ働く単語である。これによって、文節・文・文章などが、その前や後ろに置かれた文との間にいかなる関係をもつかが提示されるのである。接続詞の分類の仕方は、意味で分けるのが一般的であり、1)単語を接続するもの、2)文節を接続するもの、3)文を接続するもの、4)文章を接続するものの四種類に大別することができる。

14-2.接続詞の種類

1)順接の場合

前の文の事柄が「原因・理由」を表わし、後の文の事柄がその当然な「結果・結論」などであるということを表わすものである。すなわち「原因・理由」の事柄が前にあり、「結果」が後ろにくるという、前の文と後の文を順当につないでいる。

こうして、このため、このために、このようなわけで、しからば、したがって、すると、そうして、そうすると、そうだとすれば、そこで、そのため、そのために、その結果、それじゃ、それじゃあ、それで、それなら、それならば、それゆえ、それゆえに、だから、だったら、だって、で、ですから、なので、ならば、ゆえに、よって

○大雨が　降りました。だから、今日の　運動会は　中止になります。

○徹夜で　勉強しました。それで、昼寝を　しました。

○最近事故が　多発している。それゆえ、自動車での　通勤はしばらく　禁止する。

○旅が　好きでした。ですから　各地に　お友達が　います。

○全員　そろったね。ならば　始めよう。

○ドアの前に　立った。すると　ドアは　ひとりでに　開いた。

2)逆接の場合

前の文の事柄と後の文の事柄とが、「反対や当然の結果・結論でないこと」を表わすものである。すなわち、前の文と後の文が逆の意味を持っているのである。

いっぽう・が・けど・けども・けれど・けれども・されど・しかし・しかしながら・しかれど・しかれども・そうはいっても・そのかわり・そのかわりに・そのくせ・その反面・それが・それでいて・それでも・それどころか・それなのに・それにしては・それにしても・それにもかかわらず・だが・だからといって・だけど・だけども・だけれど・だけれども・だといえど・だといえども・だというのに・だのに・であるにもかかわらず・ですが・ですけれど・ですけれども・でも・ところが・とはいえど・とはいえども・なのに・にもかかわらず

〇空は曇ってきた。しかし、洗濯物(せんたくもの)を干した。

〇皆さんは　疲れていた。しかし、走り　続けた。

〇休みたいと　思った。けれども、明日に向けて　頑張りたい。

3)並立の場合

前の文の事柄と、後の文の事柄を対等に並べるものである。すなわち、前の事柄と、後の事柄が 対等に並ぶような関係になるものである。(この並立の接続詞の場合は、添加の接続詞のカテゴリーと一緒に扱うときもある。)

あるいは・および・かつ・そしてまた・ないし・ならびに・また・もしくは

〇車で　行く　人もいれば、また、飛行機で　行く　人も　いる。

○ここでは　タバコを吸うこと、ならびに　酒を　飲むことも禁止する。

○日本　および　日本人。(明治時代の著名な雑誌)

4)添加(累加)の場合

前の文の事柄に、後の文の事柄をさらに付け加えることを表わすものである。(この添加の接続詞の場合は、並立の接続詞のカテゴリーと一緒に扱うときもある。)

おまけに・これとともに・そのうえ・それと同時に・しかも・さらに・そして・それに・それから・また

○彼は　スポーツの才能が　ある。しかも、成績が　トップクラスだ。

○雨が　降り、そのうえ、冷たい　北風まで　吹いて　きた。

○半製品に　形を　整え　さらに、色を　付けた。(陶器づくりの過程)

○天気はひどくて　おまけに　寒かった。

○結婚の　日取り(ひど)が　決まったら、それとともに　幸せ痩身(そうしん)エステを探す。

○私は　勉強を　頑張ります。それと同時に　いよいよ　運動も頑張ります。

5)選択・対比の場合

前の文の事柄の内容と、後の文の事柄で表わす内容のどちらかの一方を選びとることを表わす場合である。

あるいは・いわば・いいかえれば・いってみれば・すなわち・それとも・つまり・ないし・または・もしくは・

○試験は　英語、または、中国語で　受験してください。

○空路、または、陸路で　おいで下さい。

○学校に　行くか、それとも、学院に　行こうか。

○今後　津波が　来るかも　しれません。あるいは　全く　来ないかも　しれません。

○次郎が　なすか　もしくは　三郎が　なすか、どちらでも　よい。

6)転換の場合

前の文の事柄の内容を打ち切って、話題が変わることを表わすものである。

さて・じゃ・じゃあ・そう言えば・それでは・それはさておき・それはそうと・では・ときに・ところで

○昨日の日帰りの旅行は　面白(おもしろ)かった。さて、明日の会議の準備を　まだ全然やっていない。

○お変わりありませんか。ところで、先般の件は　どうなりましたか。

○最近はブログよりも　会社が大事だけど、それはさておき　遊戯王の話。

○最近では　会社員ばかりか　主婦までもが　自己破産をする。それはそうと、ここで　考慮すべき　要素について、〜。(若者向けマネープランンニングマニュアルより)

7)説明・補足の場合

後の文の事柄の内容が、前の文の事柄の内容を詳しく述べたり、簡単にまとめたりして表わしているものである。すなわち、前の事柄に、説明や付け足しをするものである。

言いかえれば・いわば・いわゆる・仮に・けっきょく・その理由については・たとえば・ちなみに・なぜかというと・なぜかといえば・すなわち・ただ・ただし・たとえば・つまり・といいますのは・というのは・というのも・なぜなら・なぜならば・なんとなれば・むしろ・もっとも・ようするに・要約すると

○太郎は　今回は　いい点数だった。なぜなら、一生懸命に　勉強したからだ。

○日本にはいろいろな食べ物があります。例えば、寿司・刺身・ラーメンです。

○人を馬鹿にしたり、だましたり、さげすんだりしないことです。要するに、人には優しくしなさいと言うことです。

○服におけるサイズバランス。言いかえれば　服のシルエットは視覚的パラダイスだ。

○こんなにおいしいタコスは初めて食べたよ。ちなみに　写真のタコスは野菜チーズです。

○静かな彼氏より、むしろ　うるさい人のほうが　私に合っているかもしれない

8)条件の接続詞

前の文の内容が、後の文が成立するための条件やきっかけであることを表わす。

○すると・とすると・そうすれば・とすれば・そしたら・そうしたら・だとしたら・だったら・それなら・なら

○そうでなければ・そうでないと・でなければ・でないと

○それでも・だとしても・といっても

○悪が　あるのだとすれば、それは　人の　心の中だ。

○今日は　もう　面会できないのですね。それなら、帰ります。

第15章.
終助詞

第15章.終助詞

15-1.終助詞とは何か？

終助詞は、助詞の一つとして、文の終わり(文末)の述語となる単語の後に現れ、その文を完全に終わらせ、「疑問・詠嘆・感動・禁止・反語・強め」などといった、話し手から聞き手への伝達に伴う＜態度の意味＞を表わす。また、話し手と聞き手のあいだの認識のギャップをうめることにもかかわってくる接辞である。

終助詞のなかで、「ね(ねえ)」「さ」「よ」などは、文末ではなく、文のなかで、用いられる場合もある。(これらを間投助詞と呼んで区別する場合もある。)次に、いくつかの終助詞を用いて、「質問・主張・確認・感動・強調」といった意味合いを表わしている事例を見つつ、その機能について考えてみよう。終助詞の意味合いは極めて多様で、それぞれの意味特徴もみられる。

終助詞の種類	用　例	意味
か	○子どもは　辛(から)いラーメンを　食べられる　だろうか。	疑問
か	○いつ　国へ　帰国しますか。	質問
わ	○いくら　雨が　降っても　私は　帰りますわ。	主張

ね	◯次の　駅が　新宿駅だよね。	確認
な	◯青森の　リンゴは　美味(あい)しい　リンゴだな。	感動
な	◯この　危険物には　触(さわ)るな。	禁止
ぞ	◯ハワイ　への　旅行なら　私も　行くぞ。	強調

15-2. 終助詞の種類

終助詞には、＜口語＞の場合は、「か」「かい」「かしら」「な（禁止）」「ぞ」「ぜ」「とも」「って」「の」「わ」「や」「よ」などがあり、＜文語＞の場合は、「か（かな）」「が（がな）」「かし」「な（詠嘆）」「な（禁止）」「ぞ」「なむ」「ばや」「よ」などがある。文の構造にあっては、「疑問・質問・反語、感動、禁止、強調、強く言い切る」といった意味合いを表わす場合が多い。この終助詞の意味・用法には、次のようなものがある。

1)「か」の場合

「か」は、体言・動詞・形容詞・助詞・助動詞の連体形や形容動詞の語幹に付いて疑問・質問や反語を表わす。

文末で使われ、疑問・質問や反語などの形で、さまざまな意味を表わす文がある。くわしくは「（動詞）てくださいませんか」、「（動詞）てもいいですか」、「（名詞）でもいいですか／（名詞）ではだめですか」、「（動詞）ませんか」のように用いることができる。

①「疑問文」を作る場合。

○次の　駅が　高田馬場駅ですか。(助詞)

②話し手が決心したことを、自分に言い聞かせる場合。この場合は、「動詞の基本形＋か」ような構造を用いる。

○お腹すいたから　この店で　ラーメンでも　食べるか。(動詞)

③人に出会ったり、新たに知った事柄を、驚きとともに受け止めるような、意味合いを表わす場合

○お子さんは　もう　小学校を　卒業しましたか。(助詞)

○一郎選手　元気に　なりましたか。(助詞)

④形容詞・形容動詞・名詞が述語になる場合、「形容詞の終止形＋か」「形容動詞(「だ」を除いて)＋か」「名詞＋か」のような構造で表わす場合。(丁寧形に表現する場合は、必ず「です」の次に「か」を付ける。)

○マグロの　寿司は　高いか。(形容詞)

○マグロの　寿司は　高いですか。(助詞)

○あの　車の　ディーゼル・エンジンは　丈夫か。(名詞)

○あの　車の　ディーゼル・エンジンは　丈夫ですか。(助詞)

○期末試験に　出たのは　この　文章か。(名詞)

〇期末試験に　出たのは　この　文章ですか。(助詞)

✎ 注釈

上記したように、「疑問・決心・驚き・・・」など以外に、その他の用法として「同意」の意味を表わす場合もある。

〇次回に　旅行でも　一 緒に　しませんか。

〇次回に　旅行でも　一 緒に　しましょうか。

2)「ね」の場合

「ね」は、体言をはじめ、用言・助動詞の終止形について、言語活動の状況によって、聞き手に対して同意を求める場合、軽い感動を表わす場合、念を押す場合など、相手の気持ちをたずねようとする場合にしばしば使用される。また、聞き手の認識によって、あるいは聞き手の前で、話し手が自分の認識を確かなものにするときに使われる。なお、男女間でかなり表現上の差異が認められる。この点、以下に掲げる実例を見つつ留意されたい。

①聞き手に対して同意を求める場合。

〇明日　運動会には　行きますね。

〇今日、天気が　いいですね。

〇風邪を　引いたのか　元気が　ないね。(男)

○風邪を　引いたのか　元気が　ないわね。(女)

②軽い感動を表わす場合。

○相撲の力士の　力は　すごいね。

○この　焼肉　すごく　美味(うま)いね。

③念を押す場合。

○入学試験の　準備は　いいかね。(男、特にクラス担任など中年以上の男性)

○入学試験の　準備は　いいわね。(女)

○何か　あったら　すぐ、私に　知らせてね。

④自分の考えや気持ちを主張する場合。

○先生は　りっぱな　人だと　思いますね。

○三郎は　絶対に　来ませんね。

○ウナギはね　とてもね　美味(はい)しいのよ。でもね　ちょっと高すぎますね。(助詞・副詞・接続詞・助詞)

注釈

感動詞にも「ね(え)」があるが、感動詞の場合は、独立して文の頭に置かれるが、終助詞の場合は、文の頭にくることはない。

○ね(え)今度の　日曜日ね(え)、(感動詞・終助詞)

○遠足に　行きましょうね(え)。(終助詞)

3)「よ」の場合

「よ」は、体言・用言・助動詞の終止形・命令形について、「話し手」がすでに認識し、「聞き手」がまだ認識していない情報について、話し手が聞き手に対して、伝える必要があると判断して、念を押す場合に使われる。

文の構造のなかでは、①詠嘆の気持ちの断定や念を押して確かめの意味を表わす場合。②疑問の意味に相手をなじる気持ち、もしくは疑義を呈する気持ちを添えて表わす場合。③(命令形や禁止を表わす助詞「な」などにくっ付いて)命令・依頼・禁止などの意味を強める場合。④(助動詞「う」「よう」とくっ付いて)意向・勧誘などの意味を強めて言い表わす場合。⑤(助動詞「う」「よう」に付いて)軽い感動や投げやりの気持ちを表わす場合、といったおよそ5種類の意味合いがみられる。

①詠嘆の気持ちを含む断定や、念を押して確かめの意味を表わ

す場合。

○花子の　着物　きれいだったよ。(助動詞)

○早くしないと　遅れるよ。(動詞)

②疑問の意味に相手をなじる、もしくは疑義を呈する気持ちを添えて表わす場合。

○急にそんなこと言い出して、どうしたのよ？(名詞)

○いい　記事って　何だよ？(助詞)

③(命令形や禁止を表わす助詞「な」などにくっ付いて)命令・依頼・禁止などの意味を強める場合。

○おい、太郎君！　早く歩けよ。(動詞)

○そんな　バカなこと　言うなよ。(助詞)

④(助動詞「う」「よう」とくっ付いて)意向・勧誘などの意味を強めて言い表わす場合。

○土用(どよう)の丑(うし)の日(ひ)だ、ウナギでも食べようよ。(助詞)

○みんなで、二次会に　行きましょうよ。(助動詞)

⑤(助動詞「う」「よう」に付いて)軽い感動や投げやりの気持ちを表わす場合。

○なんて　きれいな所　なんでしょうよ。

○どうせ　僕なんか　だめだろうよ。

4)「わ」の場合

「わ」は、用言(動詞・形容詞・形容動詞)・助動詞(「う・よう・まい」を除く)の終止形について、感動的に意味を強めることや、強く言い切る表現を和らげる働きを表わす場合に用いる。

関西地方では男女双方が用いるのに対し、標準語にあっては主に女性が用いて、軽い決意や主張や驚き・感動・詠嘆の意味を表わす。女性語として使用される場合で、文末のところで高く発音し、動詞・形容詞・形容動詞の終止形にくっつき、「本当にそうだ」という気持ちを表わしたり、自分の認識、判断したことを相手に伝える場合に用いる。特に、自分の認識、判断したことを相手に伝えるという文に使われる意味合いでは、「よ」や「さ」と共通している。

①主に女性が用いて、軽い決意や主張を表わす場合。

〇子どもが　熱出したから　今日は　もう　帰るわ。(動詞)

〇その　会議には　わたしも　出席するわ。(動詞)

②驚き・感動・詠嘆の意味を表わす場合。

〇この　薬は　意外に　効果が　高いわ。(形容詞)

〇太郎さんより　花子さん　のほう　が　有名だわ。(形容動詞)

〇そんなこと　もう忘れて　しまったわ。(助動)

〇変な人が　見て　いるわ。(動詞)

〇学費は　高いわ、実家からの　援助は　ないわ。(形容詞)

〇朝起きたら　スマホの　本体が　熱すぎて　驚いたわ。(助動)

5)「な」の場合

「な」は、動詞・形容詞・形容動詞の終止形・助動詞・「ます」終止形について、聞き手の認識によって、話し手が自分の認識による禁止や希望を確かなものにするときに使われる。

①「動詞・助動詞＋な」のような構造で、強い「禁止」の意味合いを表わす場合。

○この　お菓子は　食べるな。(動詞)

○いいことづくめの　投資信託（とうししんたく）に　だまされるな。(助動詞)

②「たい」「ほしい」のような、話者の希望を表わす形容詞の場合は、「形容詞の終止形＋な」のような構造で、「願望・希望」の意味合いを表わす。

○この　彼女となら、いつか　結婚したいな。(形容詞)

○大好きな　彼に「また話したいな」と思わせるテクニック。(形容詞)

一方「なあ」は、感動や願望を表わす場合に、「な」を長く発音した長音化したものである。このような表現は、その表わし方が、強いという意味合いがみられる。

○あの　やっかいなことを　ついに　やってしまいましたなあ。

6)「とも」の場合

「とも」は、用言(動詞・形容詞・形容動詞)と助動詞の終止形について、強い確信(強意)の気持ちを示したり、もちろんそうだと(もちろん〜)受け合う気持ちを強める場合に使われる。

○そりゃ　子どもだって　それぐらいの　ことなら　書けるとも。(動詞)

○綺麗だとも　思いません。上品だとも　思いません。(形容動詞)

○笑っていいとも。(形容詞)(ただし「とも」の部分は、名詞「友」との掛詞(かけことば)である。日本の長寿娯楽番組のタイトルである)

○結婚式は　必ず　行きますとも。(助動詞)

7)「の」の場合

「の」は、用言(動詞・形容詞・形容動詞)の連体形や・助動詞(「う・よう・まい」を除く)の助動詞について、強く言い切る表現を和らげる働きや疑問・軽い決断を表わす場合に使用される。

○友達に「今日は　何時に　帰るの？」と　聞きたい。(動詞)

○北国(きたぐに)は　本当に　寒いの？。(形容詞)

○男心を掴(つか)め！「俺の事が好きなの？」。(形容動詞)

○あの　図書館は　とても　静かなの。(形容動詞)

○その時　私も　行ったの。(助動詞)

8)「さ」の場合

「さ」は、体言をはじめ、種々の語にくっつくが、動詞・形容詞・助動詞の終止形・形容詞の場合は語幹について、軽い余情(自分の考えをあっさり言い放つこと)を表わす場合に使われる。また、話し手が確認、確信していることを、聞き手に対する説明として述べる文にも使われる。

○上等な草をあげてごらん。あの馬はきっと風のように　走るさ。(動詞)

○私の　愛機は　十分　早いさ！！。(形容詞)

○あの建物は　私の　家さ。(名詞)

○私も　帰るさ。(動詞)

○まあ　いいさ。(形容詞)

○この　程度の　漢字なら　小学生でも　書けるさ。(助動詞)

○この品は　とても　丈夫さ。(形容動詞)

9)「や」の場合

「や」は、体言・用言・助動詞の終止形・命令形について、そうあってほしいという話者の気持ちによる、感動的に念を押す意味・呼びかけを表わす場合に使用される。

(特に、この表現は、もともとは関西方言であるが、テレビ放送の発達、とりわけ1980年代初頭以降のいわゆる漫才ブームにより、現在では日本国内でも広く一般的に用いられている。)

○皆、集合しているんだから　おまえも　早く　来いや。(動詞)

○ええ加減、缶コーヒー　飲むの　やめようや。(助動詞)

○今日は　ゆっくり　休みたいや。(助動詞)

○それは　私だって　できるや。(動詞の終止形)

○あの　演劇は　とても　面白いや。(形容詞)

10)「ぞ」の場合

「ぞ」は、用言(動詞·形容詞·形容動詞)と助動詞の終止形や名詞にくっつき、発言の内容による、念を押す気持ちや、意味を強めることを表わす場合に使用される。

「ぞ」は、もっぱら男性語として用いられており、また、現代語では対等、または目下に対する発言のなかで使われる。それゆえ、こうした特徴とからんで、かなり強い言い方となる。

○これは　先生の　物だぞ。(名詞)

○「これぞ　日本文化の　象徴」。(代名詞)

○クレヨンしんちゃんの「東京ドームへ　行くぞ」。(動詞)

○昨年の分も　思いを込めて　走るぞ！。(動詞)

○あの　選手は　すごいぞ。(形容詞)

○いくら　失敗しても　僕は　泣かないぞ。(形容詞)

○時間が　無い人も　これを　見れば　大丈夫だぞ。(形容動詞)

○そんな事したら　ママに　叱られるぞ！(助動詞)

注釈

アニメーションのなかで、「クレヨンしんちゃん」の毎回の放送に際しタイトルとして、「〜したぞ」という形で用いられているのが2016年現在、とりわけよく知られた例であるが、ここでもわれわれは話し手がまだ幼くとも男性であることに注意すべきであろう。

第16章.
感動詞

第16章. 感動詞

16-1. 感動詞とは何か？

感動詞は、話し手の気持ちや態度という語彙陳述的な意味特徴をもつ単語であり、活用しない自立語であり、主語や修飾語にならず、他の文節とは独立して使用される。感動詞は、一般に文のはじめにあって、「感動・呼びかけ・応答」などの意味合いを表わす。たとえば、「まあ、きれいですね」の「まあ」・「もしもし、花子さんですか」の「もしもし」・「はい、そうです」の「はい」などのように、「感情・呼びかけ・受け答え・あいさつ・かけ声」などを表わす単語である。

○まあ、これでも　見て　元気出して。
○おい、こっち　来て。
○はい、こちらです。
○こんにちは。

上の例からも知られるように、感動詞は主語・述語・修飾語、被修飾語などといった文の構造とはおよそ関係なく、それ自体で独立した文節を構成することができる。

16-2. 感動詞の種類

1)感情を表わす場合

「驚き・悲しみ・喜び」を表わす場合。

○おやっ！ヘアスタイルを変えたんだね。

○まあ、 お茶でも。

○やあ、 ようこそ、日本へ。

○おっと、 危険ですよ。

○あっ、 大変だぞ。

○ああ、 いい 湯だな！

2)呼びかけを表わす場合

「呼びかけ」を表わす場合。

○おい、 やめろ！

○おおい、 そちらの 君。

○こら！ たまには 勉強しろ！！

○ちょっと、 学生さん。

注釈

「おい」「こら」の場合は、話し手の発音の仕方によっては、相手を傷つける場合も少なくないので使用には十分に注意を要する。かつての日本では「おいこら」とは警察官の代名詞であったが、戦後は占領軍の民主化指令により、さすがにだれかれかまわず警察官がこの言葉を発するということもなくなっている。

3)受け答えを表わす場合

聞き手に対する「受け答え」を表わす場合。

〇はい、頑張ります。

〇いいえ、そんなこと　ありません。

〇ええ、そうです。

〇うん、なるほど。

〇へい、こっちへおいでよ。

注釈

肯定の受け答えをする場合の「はい」の発音は、「は」の部分は強くて「い」の部分は弱く、「は」と「い」の間は短く発音したほうが明確な表現になる。

4)あいさつを表わす場合

「挨拶」を表わす単語。

○おはよう。

○こんにちは。

○こんばんは。

○さようなら。

○失礼(しつれい)。

○じゃあ。

5)かけ声を表わす場合

＜自然に出てくるかけ声を表わす単語。＞

○よいしょ　　　：よいしょと　立ち上がる。

○どっこいしょ　：どっこいしょと　荷物を　かつぎ　あげる。

○ほいきた　　　：ほいきた、僕の　出番だな。

○それ　　　　　：それ、出発だ。

○そら　　　　　：そら、みろ。

6)相手に注意や動作を促す単語

○ほら　　　：ほら、見てごらん。

○おい　　　：おい、しっかりしろ。

○こらっ　　：こらっ、食べ物を　残しては　いけないぞ。

○もしもし　：もしもし、三郎君(さぶろうくん)　いますか。

○ちょっと　：ちょっと、これを　見てもらえ　ませんか。

注釈

感動詞は、どちらかといえば会話文のなかで用いられるのを特徴とする。また、文のはじめに示されるのが一般的であり、感動詞の後にはしばしば「！」や「？」あるいは「、」が打たれており、その独立性をいやがうえにも引き立てている。

第17章.

こそあど言葉

第17章. こそあど言

17-1.こそあど言葉とは何か?

話し手(書き手)や聞き手(読み手)からの距離が近いか遠いかを指し示す単語を「こそあど言葉」という。「こそあど言葉」の例としては、「指示語」「人称代名詞」「指示代名詞」をあげることができる。主に話し手からの遠近に注目しつつ、話し手から近いか遠いか、話し手にも聞き手からも近くなくむしろ第三者に近いか、誰からも近くないか。また視界に入っているかどうか、上の方にあるのか、それとも下の方にあるか。場所・物を指すのか、有生物・無生物か、人間かどうか、性別はどうか、数はどうか、明確な輪郭を持ったものであるかどうかによって、その使い方が区別される。

17-2.指示語

指示語(指示詞)は、話し手(話者)のいる地点と状況をもとにして、物を指し示す機能を持った語であり、特に代名詞や限定詞として用いられている。指示語は、限定を表わす連体詞・形容詞の形をとる連体詞が中心的な役割を果たすが、副詞や動詞がその機能を果たすこともある。

指示詞は、距離や話者の感覚によって、「コ系（近称(自称)）」「ソ系（中称(対称)）」「ア系（遠称(他称)）」に分かれ、不明（疑問称）のものを「ド系」で表わす。「コソアド詞」ともいう。

17-3.こそあど指示語の種類

こそあど指示語の種類は、連体詞(決めつけ詞/限定)・連体詞(形容詞)・副詞・動詞があり、この種は、近称(自称)・中称(対称)・遠称(他称)・疑問称の4種類に分類される。

＜こそあど指示語の種類＞

限定の種類	近称(自称)	中称(対称)	遠称(他称)	疑問称
連体詞 (決めつけ詞/限定)	この	その	あの	どの
連体詞(形容詞)	こんな	そんな	あんな	どんな
	こういう	そういう	ああいう	どういう
	こういった	そういった	ああいった	どういった
	こうした	そうした	ああした	どうした
副詞	こう	そう	ああ	どう
	こんなに	そんなに	あんなに	どんなに
動詞	こうする	そうする	ああする	どうする
	こうなる	そうなる	ああなる	どうなる

[出典]『日本語の文法』(高橋太郎講義テキスト1994)をもとに作成

17-4.人称代名詞

人物を指し示す語である。誰を指すか、どの人を指し示すかによって、さらに細かく分けられる。人称代名詞は、単数と複数に分けて、誰かの人数を限定して指し示すことができる。

1)誰を指すかによる種類

①話し手自身を指し示す語

単数	・ぼく・わたし(わたくし)・おれ
複数	・ぼくたち・わたしたち(わたくしたち)・おれたち・われわれ

○月並みだが、ぼくはちっちゃい頃からコンピューターが好きで、我(わ)が家(や)にあったヤツで散々(さんざん)遊んだ。

○あの日　見た　花の　名前を　僕達は　まだ　知らない。

②聞き手を指し示す語

単数	・あなた・きみ・おまえ
複数	・あなたたち・きみたち・おまえたち

○あなたは　自分が何曜日(なんようび)生まれか　知っていますか？

○キミたちは　どんな夢を　見て　いるの？

③話し手・聞き手以外の第3者を指し示す代名詞

単数	・かれ・かの女

複数	・かれら・かの女ら

○僕は　彼のことをよく　知らない。

○ここから　彼らの　動画を　見ることが　できるぞ。

2)近い者を指すか、遠い者を指すかによる種類分け

①近くの者を指し示す語

・このかた・こいつ

○生まれてこの方(かた)一度もそういうものにお目にかかったことはない

②少し離れている者を指し示す語

・そのかた・そいつ

○そのかたには　まだ　お目にかかった　ことは　ありません。

③遠くの者を指し示す語

・あのかた・あいつ

○お世話に　なった　あの方(かた)への　お礼(れい)の品(しな)として　最適です。

・どなた・どいつ・だれ

○この人について　ご存知でしたら　どなたか教えてください。

17-4-1.人称代名詞の種類

人称代名詞の種類としては、単数と複数があり、人称の場合は、一人称(自称)・二人称(対称)・三人称(他称)・疑問称・不定称などがある。

＜人称代名詞の種類＞

種類	一人称(自称)	二人称(対称)	三人称(他称)	疑問称	不定称
単数	わたし ぼく おれ	あなた きみ おまえ	かれ(彼) かのじょ(彼女)	どなた だれ・どいつ	どなたか だれか
複数	わたしたち ぼくら おれたち	あなたがた きみたち おまえら	かれら(彼) かのじょら(彼女)		

1)話し手を指し示す代名詞

ぼく・わたし(わたくし)・おれ

ぼくたち・わたしたち(わたくし)・おれたち・われわれ

2)聞き手を指し示す代名詞

あなた・きみ・おまえ

あなたたち・きみたち・おまえたち

3)話し手でも聞き手でもない、第３者を指し示す代名詞

かれ・かの女、かれら・かの女ら

17-5.指示代名詞

物事や場所や方角を指し示す語である。指し示す者の位置によって、使われ方にもそれぞれ違いが生ずる。指示代名詞は、物・事柄・人、場 所・部 分、方向・側・自己もしくは他者が選択したものを限定して指し示すことができる。

1)近くの物や位置を指し示す語

・物事・人:これ・こいつ・この人
・場所:ここ
・方角:こっち・こちら

○これは　もはや　食べ物ではなく　放射性廃棄物(ほうしゃせいはいきぶつ)です。
○ここは「ふるさと　旅する　ラジオ」の　ページです。
（ラジオ番組のオフィシャルサイト）
○そっちはそっちの気晴(きば)らし、こっちはこっちの気晴らし。

2)少し離れた物や位置を指し示す語

・物事・人：それ・そいつ・その人

・場所：そこ

・方角：そっち・そちら

○それは　ひょっとして　ギャグで　言ってるのか！？

○トンネルを　抜けると　そこは　星の国だった。

○そっちはどうだい？うまくやってるか　こっちはこうさ　どうにもならんよ.

3)遠くの物や位置を指し示す語

・物事・人：あれ・あいつ・あの人

・場所：あそこ

・方角：あっち・あちら

○あれは　東京の　浅草に　匹敵(ひってき)する　にぎわい　だった。

○あそこに　見える　店。

○こっちを入れるとあっちが飛び出す気密性(きみつせい)抜群の引き出し。

4)物や位置が、はっきりしないものを指し示す語

・物事・人：どれ・どいつ・どの人

・場所：どこ

・方角：どっち・どちら

○このアルバムの曲の中で　どれが　1番　好きですか？

○日本の　子どもと　どこが　違う？

○私と仕事、どっちが大事なの！？と彼女に聞かれることってありますよね。

17-5-1.指示代名詞の種類

指示代名詞の種類は、「物・事柄・人」「場所・部分」「方向・側・選択したもの」などを指し示す語があり、これはまた「近称(自称)・中称(対称)・遠称(他称)・疑問称」の4種類に分類される。

＜指示代名詞の種類＞

指し示す語	近称(自称)	中称(対称)	遠称(他称)	疑問称
物・事柄・人	これ	それ	あれ	どれ
	こいつ	そいつ	あいつ	どいつ
	このひと	そのひと	あのひと	どのひと
場 所・部 分	ここ	そこ	あそこ	どこ
方向・側・選択したもの	こちら	そちら	あちら	どちら
	こっち	そっち	あっち	どっち

注釈

指示代名詞のなかで､「こちら」等は､原則方角を示すが､丁寧な表現として人や物を間接的に表わすこともできる。

○こちらは　鈴木さんです。　　　　　(「人」を表わす場合)

○そちらの　品物は　おいくらですか。(「モノ」を表わす場合)

第18章.

敬語

第18章.敬語

18-1.敬語とは何か？

敬語とは、主体(書き手、話し手)とその相手(読み手、聞き手)やその話題中の人物との社会的関係(親疎、権力の大小)と態度を表す言語表現であるが、具体的には、「上下関係」「親疎関係」「ウチ(内)・ソト(外)関係」である。

まず「上下関係」とは、自分より上か下かを基準とし敬語を使い分けることである。次に「親疎関係」とは、親しい関係か親しくない関係かということを基準として使う敬語である。そして「ウチ(内)・ソト(外)関係」は、グループ内の人をウチ(内)の人と呼び、グループ外の人をソト(外)の人と呼ぶ。これを家族関係で例えると、家族はウチ、家族外はソトになる。また、社会的な関係で例えると、社内の人はウチ、社外の人はソトになるのである。<図1>は、尊敬語と謙譲語との関係を表わしたものである。

<図1>尊敬語と謙譲語との関係

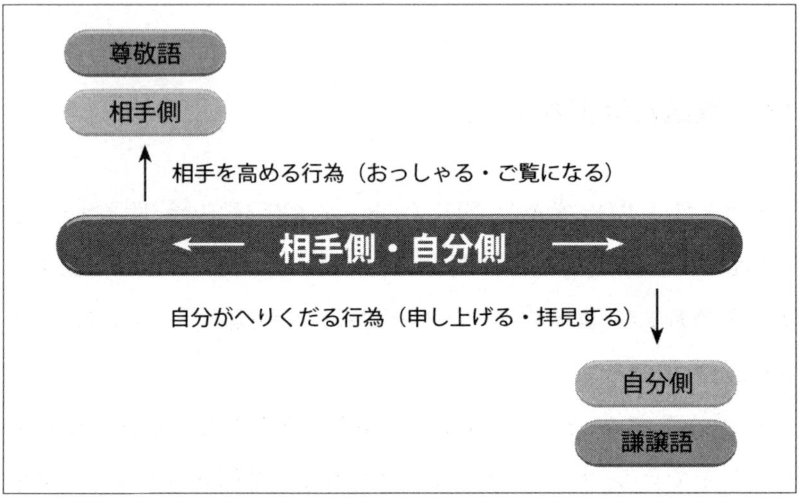

「内と外」の使い分けでは、社内では、上司や先輩に対して敬語を使うが、社外の相手に、自社の上司にことを伝えるときには、敬語の使い方も変える必要があるのが、日本語の特徴である。社外の人とのやり取りで、上司のこと(行動や対応)を伝えるときには、「役職名を省くこと・相手に対して謙譲語を使って伝えること」という二つのことに特に注意すべきである。<図2>は、タテ・ヨコの人間関係のなかで、内と外・親疎関係を表わしたものである。

＜図2＞タテ・ヨコの人間関係

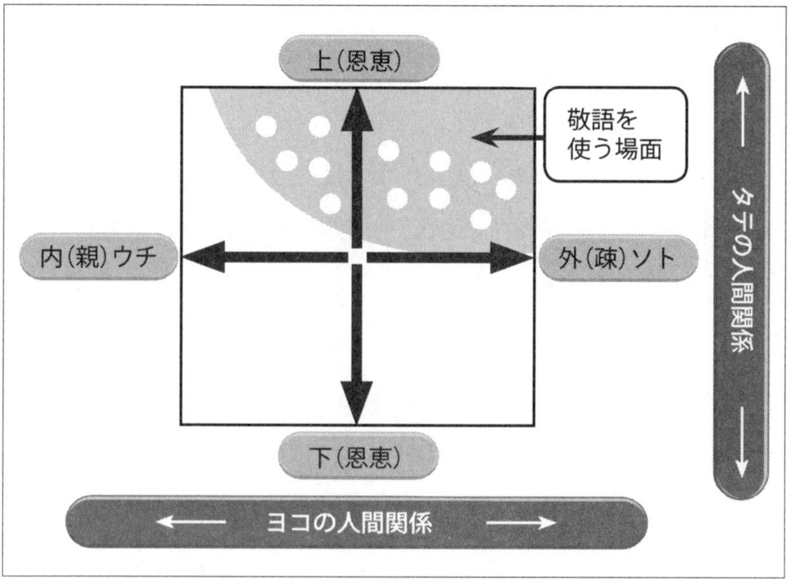

[出典]沖森卓也・中村幸弘『ベネッセ表現読解国語辞典』(ベネッセコーポレーション、2003)をもとに著者が新たに作成

＜内→外＞

○安部会長は明日、御社(おんしゃ)にうかがうとおっしゃっています。(×)

○安部会長は明日、御社にうかがうと申しております。　(○)

○白石係長が出張からお戻りになられたら、ご連絡いただくよう申します。(×)

○白石係長が出張から戻りましたら、ご連絡するように申し伝えます。　(○)

＜内→内＞

○田中次長は　会議から　まだ　戻っていらっしゃいません。(×)

○田中次長は　会議から　まだ　戻っておりません。　(○)

上記の用例でみるように、社内では、目上の相手には尊敬語を使うが、社外の相手とのやりとりでは、敬語が向かう対象は(社外の)相手だから、自社の社員は上司といえども「謙譲語」を使い、へりくだった表現にする。この「内と外」の使い分けを取りちがえないように気を付けることは、韓国人を含む外国人にとっては、当初はやっかいなことであろう。実は韓国語にも完備した敬語の体系があるが、それは身内と他者とを問わず、目上の人でさえあれば敬語を用いる、いわゆる「絶対敬語」であり、日本語のそれとは大きく様相を異にしているからである。

このように、敬語は上下関係や内外の関係などで、表現の仕方がかわることで、一般的には敬語を「尊敬語」「謙譲語」「丁寧語」の3つに分類されるが、「丁寧語」から派生した「美化語」も含めた4分類もしばしば用いられている。

この敬語は、日本の言語文化の特徴として、古くから現代に至るまで人と人との「相互尊重」の気持ちを「自己表現」の形で表すものとして重要な役割を果たしているようである。

注釈

敬語には、その性質上、話題中の人物の位置を高める場合は、「素材敬語」と表現する。一方、話し手が対面している聞き手の位置を高める場合は、「対者敬語」がある。

また、本来「丁寧語」の一部である「美化語」は、「敬語」から外される場合もある。

＜図1＞敬語を使い分けるときの関係

上下・親疎・内外関係	一般語	敬語
＜上下関係＞	いる	いらっしゃる
＜親疎関係＞	いる	いらっしゃる
＜ウチ(内)・ソト(外)関係＞ グループ内(家族内・会社内):(内) グループ外(家族外・会社外):(外)	 いる いる	 いる(敬語の対象としない) いらっしゃる

注釈

一般的に敬語の使い方のルールでは、相手側(ソト・外)の人に話しかけるときには、ウチ(内)の人を立てて話さないのが基本である。この点、韓国語に見る絶対敬語(年長者、目上の人であれば誰であれ敬語の対象とする)とは様相を異にしている。例えば、家族をソトの人に話す場合には、

○私の　父が　おっしゃって　います。
○私の　母が　いらっしゃる　そうです。
と表現すると違和感を与える。

同じように、社外の人に話す場合は、
○弊社の　部長が　おっしゃって　います。
○弊社の　課長が　いらっしゃる　そうです。
と話すのは、敬語の使い分けのルールに反するものと考えられている。

18-2.名詞の尊敬語

名詞の指示する人物やその指示対象の持ち主などへの敬意を表す

名詞。日本語には「父上」や「貴社」「御社」などがある。

○王貞治(あうさだはる)さんのお父上は、息子二人を医者と技師にして中国に帰るつもりだったそうです。

○貴社に関する事で、自分はこういう目に遭った(消費者からのクレームの手紙)。

○本日は御社への熱意を伝えに参りました。よろしくお願い致します。

注釈

＜「貴社」と「御社」の使い分け＞

・通常は、自分の会社と相手の会社を比べてみて、規模などが自社よりも上なら「御社」、同格なら「貴社」と言うのが以前は一般的であったが、最近はその境界もあいまいになりつつある。「御社」の「御」を「おん」と正しく読める若い世代が少なくなったことも起因していよう。

・ある会社で面接をうける場合、これからお世話になるわけだから、貴社よりは、御社のほうが、よいだろう。

18-3. 動詞の尊敬語

動詞の主語(動作主)に対する敬意を表わす表現と、尊敬の動名詞(「そんなことはないとお考えの皆さま～」)や尊敬の形容詞(「お美しい」「お綺麗だ」)などである。

18-4. 敬語表現の特徴と種類

種類	特徴
尊敬語	話題中の動作の主体が話し手よりも上位であることを表す語。
謙譲語	話題中の動作の客体が話題中の動作の主体よりも上位であることを表す語。
	聞き手が話し手の主観において、話し手よりも上位であることを表す語。
丁寧語	聞き手が話し手よりも上位であることを表す語尾の「です」「ます」「ございます」など。
	上品とされる言い回し・言葉遣い。

18-5. 尊敬語

話題中の動作や状態の主体(話をしている相手や話の中に登場する

人物)が、話者よりも上位である場合に使われる表現「いらっしゃる・なさる」を中心的な例とする。狭義では動詞、助動詞、形容詞の語形変化を指すが、名詞の語彙を変えることも尊敬語に含める場合がある(例:だれ→どなた)。ともあれ、「尊敬語」は例外なく、目上の人を立てる場合に使用する。

1)動詞の「語形変化」には、以下のような方法がある。

①「語彙自体」を変える場合

普通語	尊敬語
いる・行く・来る	いらっしゃる・おいでになる・お越しになる・おみえになる
食べる・飲む	召し上がる
見る	ご覧になる
する	なさる

○生徒が　学校に　行く。

○先生が　学校に　いらっしゃる。

○学生が　御飯を　食べる。

○先生が　御飯を　召し上がる。

○NHK特集を　見た学生へ。

○NHK特集を　ご覧になられた方へ。

②「お・ご～になる」の場合

書く	お　書きに　なる
掛ける	お　掛けに　なる
利用する	ご　利用に　なる
訪問する	訪問なさる

○このゼミの学生全員で　書いた　本です。

○先生が　お書きになった本が　ここでは　一番　よく売れています。

○お掛けになって　お待ちください。

③「お・ご～なさる」の場合

書く	お　書き　なさる
掛ける	お　掛け　なさる

○そんな　くだらない　雑誌に　お書きなさるのは　もう　おやめ　なさい。

○まあ、まずは　そこに　お掛けなさい。

④「お・ご～くださる」「お～てくださる」の場合

検討する	ご検討　くださる
話す	お話し　くださる

○この点、ぜひ　ご検討くださると　いいんですが…。

○住職は　人々の　求めに　応じて　お話しくださった。

⑤「れる・られる」「せる・させる」の場合

書く	書か　れる
掛ける	掛け　られる
訪問する	訪問　なさる
発表する	発表　される

○先生は　黒板に　詩を　書かれた。

○いつ　韓国を　訪問なさったん　ですか？

○教授は　あした　学会で　論文を　発表されます。

2)形容詞・形容動詞の語形変化には、以下のような方法がある。

①「お/ご」を付ける場合

:形容詞や形容動詞の単語の前に「お/ご」を付けることで、尊敬語を作ることができる。

(形容詞)　:忙しい	お　忙しい
(形容動詞):多忙	ご　多忙

○本日は、お忙しい中、販促物(はんそくぶつ)を弊社(へいしゃ)へお届け頂き、ありがとうございます。

○ご多忙のところ　恐れ入りますが、〜。

3)＜名詞に「敬称・職階」をつける＞場合

人名の後に、「さん」「様」「会長」などのような敬称や職階を付ける場合である。

さん→高橋さん、 様→田中様、 殿→鈴木殿、 先生→関口先生、 先輩→野川先輩、 部長→工藤部長、 社長→高花社長

4)＜名詞に「お・ご・み」などをつける＞場合

名詞の前に「お(御)」「ご(御)」「おん(御)」「み(御)」「尊」「貴」「玉」などのような接頭語を付ける場合である。一般的に、和語には「お」を、漢語には「ご」を付けることが多い。「お」「ご」の二つは「美化語」としても用いられる。

お→お車、お→お心、自宅→お住まい、 ご→ご主人、ご→ご尊父

み→み心(表記の場合は「御心」)

会社→貴社・御社(おんしゃ)　　原稿→玉稿(ざょっこう)

*「亭主」のことを「ご亭主」のように「美化語」で表わすことができるが、このような表現は、他者の夫をいくぶん嘲笑した語彙であり、使用する場合は注意を要する。

18-6.謙譲語

謙譲語は、言語活動のなかで、話し手や聞き手による動作の客体(間

接的である場合もある)が、話題中の動作の主体よりも上位である場合に使われる。そのため謙譲語は、話題中に2人以上の人物が登場しなければならない。動作の主体を謙(へりくだ)す言い方であり、主体＝話し手の場合には、自分が謙ることになる(卑(いや)しめるという意味ではない)。

動作の客体となる人物は、聞き手でも第三者でもよく、動作の主体は、話し手・聞き手・第三者の誰でもよいのであるが、会話の場にいない人物への敬語が使われなくなってきたため動作の客体が、聞き手、動作の主体が話し手であるという場合が多くなっている。これを受けて、謙譲語の一部は動作の客体がいない場合でも使え、聞き手に対する敬意を表す丁寧語としても使われるようになった。この「謙譲語」は、自分をへりくだる場合に使用する。

「やる」の謙譲語の「上げる」のように、謙譲の意味が薄れた事例もあれば、「食う」の謙譲語「食べる」のように謙譲の意味がほぼ消滅した事例もある。

1)「語彙自体」を変える場合

「行く」「する」「見る」のような単語が、謙譲の意味合いを表わす場合は、語彙自体を変えて表わす。

行く→伺う、 見る→拝見する、 する→致す

○あの　光景は　是非 一度 拝見すべき　ものかと　存じます。

○これからも　どうか　宜しく　お願い　致します。

2)「お/ご〜する」の場合

品詞のなかで、動詞を謙譲の意味合いで表現する場合は、その動詞に「お・ご」のような接頭語を付けて表わす。

待つ→お待ちする、　掛ける→お掛けする、
相談する→ご相談する、　ご相談申し上げる

○ご連絡　頂けることを　お待ちして　おります。

○今晩、もう一度電話をお掛けします。

3)「お/ご〜頂く・申し上げる」の場合

また、動詞を謙譲の意味合いで表現する場合、その動詞に「お・ご」のような接頭語を付けて、「〜頂く」「〜申し上げる」のように表わす。

買ってもらう→お買い上げ頂く、　辞退する→ご辞退申し上げる

○故人の遺志により、誠に勝手ながら、御香典(ここうでん)・御供花(こくげ)の儀は固くご辞退申し上げます。(死亡広告)

○このたびは弊社製品をお買い上げ頂き、誠にありがとうございます。(商品説明書の冒頭句)

4)名詞を謙譲語化する場合

品詞のなかで、名詞の場合は、規則的に謙譲語を生成することができないが、下記のようないくつかの例をあげることができる。

茶→粗茶(そちゃ)、品→粗品(そひん・そしな)、贈り物→駄物(だぶつ・だもの)著作→拙著(せっちょ)、 理論→論、当社→弊社(へいしゃ)・小社

＊ 粗茶とは粗末な茶、粗品とは粗末な品物、駄物とはつまらない物を意味する。ただし、あくまでも進呈する側の主観に根差した表現である。たとえ玉露(宇治の最高級茶)や、最新型のスマートフォンであっても謙遜して「粗茶」「粗品」と表現する。

○お客さんに　お茶を　出しながら、「粗茶ですが　一服どうぞ！」

○参加した　人々に、 粗品を　進呈する。

○駄物を　大量生産するのは　悪です。

言語活動のなかで、向かう先に通達行為として、ある「手紙・辞退・連絡・・・」のような名詞に、接頭語「お/ご」を付けた形で、謙譲語として用いられる場合がある。例えば、

手紙→お手紙を差し上げる、 辞退→ご辞退を申し上げる、
連絡→ご連絡を差し上げる

○いきなり　お手紙を差し上げる　ご無礼を　どうぞお許し下さい。

○あしたの会合の件で　ご連絡差し上げさせて頂きます。

上記の同じ語形で、尊敬語とも謙譲語とも用いる場合がある。例えば、

謙譲語	○先生への　お手紙～。 ○お客様への　ご連絡～。
尊敬語	○先生からの　お手紙～。 ○お客様からの　ご連絡～。

18-7.丁寧語

丁寧語は、聞き手が、話し手よりも上位である場合に使われる語、すなわち話を聞いている相手への敬意を表わす言葉である。また、内容を問わず、丁寧に表現したいときにも使用される。広義の丁寧語としては、聞き手に対する配慮を表わすもろもろの語を含める場合があるが、文法的に文末に使われる現代語の「～です」「～ます」「～ございます」などを指す。この「丁寧語」は、相手を問わず、丁寧な表現を表わす場合に使用する。

聞き手が、自己より上位者である場合の「～です・～ます調」で終わる文体を敬体といい、一方、同等や下位にある場合に使われる「～だ・～である調」や動詞・形容詞の終止形で終わる文体を常体と呼ぶ。なお、ここでいう「同等」とは話者の主観に根差したものであり、たとえ同僚や同級生など身分上は同輩であっても、話者の主観において上位者と見なされた場合には敬体が用いられるのである。

注釈

一般的に「わかりやすい文章を書こうとするのなら、文体は「敬体」か「常体」のように、いずれかに統一したほうがよい。例えば「です・ます調」を選択するのか、「だ・である調」を選択するのか、ということである。

「常体(じょうたい)」とは、敬語を用いず、文末に「だ」「である」などを用いる普通の文章様式のことである。

丁寧を表す語形変化としては、以下のように「名詞＋です」「形容動詞」「動詞＋ます」「形容詞＋ございます」などが挙げられるが、文法カテゴリーに応じて、語彙を変える場合があり、文法的には丁寧語というよりも丁寧体として分析される。例えば、

1)「名詞＋です」の場合

普通体	丁寧体	機能
学生だ	学生です	現在
学生だった	学生でした	過去
学生ではない	学生ではありません	否定
学生だろう	学生でしょう	推測

2)「形容動詞」の場合

普通体	丁寧体	機能
綺麗だ	綺麗です	現在
綺麗だった	綺麗でした	過去
綺麗ではない	綺麗ではありません	否定
綺麗だろう	綺麗でしょう	推測

3)「動詞＋ます」の場合

普通体	丁寧体	機能
見る	見ます	意志
見た	見ました	過去
見ない	見ません	否定
見よう	見ましょう	勧誘

4)「形容詞＋ございます」の場合

普通体	丁寧体	機能
忙しい	忙しゅうございます	現在
忙しかった	忙しゅうございました	過去
忙しくない	忙しゅうございません	否定
忙しいだろう	忙しゅうございましょう	推測

注釈

「ウ音便」を用いて「〜ございます」に接続させる形で、「忙しゅうございます」が、伝統的な丁寧体である。形容詞に名詞や形容動詞で用いる「です」を接続させる形で、「忙しいです」は誤りであるとする考え方もあるが、2016年現在、一般的に簡素な形としてはすっかり許容されており、ウ音便を用いた「形容詞語幹＋しゅうございます」のほうがオーバーな表現と見なされている。

18-8. 美化語

美化語とは、話者が聞き手に「上品な印象」を与えるために使う語のことである。文法的に見て敬語とは言えないが、聞き手に対する配慮を示しているということで敬語に準じるものとしたり、学者によっては丁寧語に分類することもある。

例えば、名詞の場合は、「お(御)」や「ご(御)」を付けたり、語彙を変えたりして作られる。原則として、「お」は和語に付け、「ご」は漢語に付ける。これには普通に使われるもの、男女に差があるものの、たまに使われるものなどに分けられる。

注釈

また、「バカ」と「おバカ」のようにニュアンスの変わるものもあるので注意を要する。「おバカ」は、ごく親しい間柄にあって、一方の手落ちを婉曲に指摘する場合に、「おバカな」という形容動詞や、「おバカさんねぇ」という成句の形で用いられる。したがって「バカ」のような純然たる罵倒語とは意味合いを異にする。また丁重語を美化語に入れることもある。美化語の中には、いわゆる「女房言葉」に由来するものも多い。「女房言葉」とは、平安時代の宮中の女官らが用いていた言葉が一般に広まった語彙を指す。

1)「お」を付ける場合

花→お花、話→お話、 店→お店、 茶→お茶、手紙→お手紙、帰り→お帰り、届け→お届け、見送り→お見送り、 新香→お新香、菓子→お菓子、 食事→お食事、飲み物→お飲み物、
下劣→お下劣、 下品→お下品

○気温が上がりお花の管理も大変な季節、夏の定番ギフトに枯れないお花はいかがでしょうか？

○貴社に伺って、お話を伺いたいです。

○保育園生のときなんですけど、好きな子にお手紙を書いたんですね。

2)「ご」を付ける場合

案内→ご案内、 注文→ご注文、 連絡→ご連絡、結婚→ご結婚、住所→ご住所、

説明→ご説明、立派→ご立派、説明→ご説明、請求→ご請求

祝儀→ご祝儀

○当せん番号の ご案内、各宝くじの当せん番号は～。

○ご連絡が 遅くなり申しわけありません。

○青森天然のホヤです！ご立派なサイズ です！

3)「語彙を変える」場合

単語のなかで、「めし(飯)」「はら(腹)」「(べんじょ)便所」のような単語を、謙譲語に表わす場合に、その読み方を「ごはん(飯)」「おなか(腹)」「お手洗い」と改める場合である。

めし(飯)→ごはん(飯)、はら(腹)→おなか(腹)、便所→お手洗い

○その成果を 多くのご飯 好(ず)きのみなさんと 共有するための 活動を行います。

○なかなか落ちない お腹の脂肪を 燃焼させ 効果的に落とす方法！

○トイレをお手洗い(御手洗)と 呼ぶようになったのは いつ頃からですか？

4)不規則動詞一覧

ここでは、既に見た「お～になる」「～れる・られる」(尊敬語)、「お～する」(謙譲語)、「～ます」(丁寧語)のようにいろいろな語に適用できる一般的な語形(一般形)ではなく、特定の語形(特定形。補充形とも言える)が用いられる動詞とその特定形の一覧を示す。

＜「不規則的な形」を表わす場合＞

尊敬語	いる	お～になる ～れる・られる	おいでになる おられる
謙譲語	会う	お～する	お目に掛かる
丁寧語	ある	～ます	ございます

18-9.二重敬語

次の用例で示すように、「来る」「言う」「お～になる」の尊敬語である。尊敬の助動詞「られる」が付いて、「お見えになられる」のように二重敬語になった場合である。これは一般に避けるべき表現とされる。

たとえば「お見えになる」とは、「来る」の尊敬語である「お見えになる」に、尊敬の助動詞「られる」が付いて、二重敬語になったものである。

× 「社長が　お見えに　なられました」
○ 「社長が　お見えに　なりました」、または「社長が　いらっしゃいました」

この場合「お見えになられる」は、すでに「来る」の尊敬語であり、したがって「お見えになる＋られる」を使うと、二重敬語になってしまい、過剰な敬語として敬遠される場合があるので、「お見えになりました」がすっきりした現代の敬語であると言えよう。また、以下のような表現でも使えるだろう。

○お客様が　お見えになりました。会議室へ　ご案内を　お願いします。
○お客様が　お見えになりました。会議室へ　お通ししたらよろしいですか。
○お客様が　お見えになりました。高花次長へ お知らせ　願います。

「言う」の尊敬語である「おっしゃる」に、尊敬の助動詞「られる」が付いて、二重敬語になった場合である。

× 「お客様が　おっしゃられた　のは･･･」「そうおっしゃられましても...」
○ 「お客様が　おっしゃった　のは･･･」「そうおっしゃいましても」

「お戻りになる」で、「お〜になる」の尊敬語の一般的な表現である。なお、「れる（られる）」のパターンを使うなら、「お」は付けない。

× 「何時頃　お戻りに　なられますか」
○ 「何時頃　お戻りに　なりますか」、または「何時頃　戻られますか」

注釈

この「二重敬語」を防ぐには、「お」を付けたら、「れる（られる）」は使わない。また、「れる（られる）」を使うなら「お」は付けないようにする。この「れる（られる）」は、尊敬以外に可能や受身などの意味もあるので、実のところ使い分けが難しい言葉である。だから尊敬の意味ではなるべく使用を避け、別の表現を使うのが無難であろう。

例：見られる　→ ご覧になる
　受け取られる → お受け取りになる

18-10. 尊敬語・謙譲語・丁寧語の種類

一般語(尊敬語普通語)	尊敬語	謙譲語	丁寧語
会う		お目に掛かる お目もじする	
やる 与える		差し上げる 上げる 献上する 献呈する 献じる 進呈する	上げる
ある	○	○	ございます
言う	おっしゃる	申し上げる 申す	申す
行く	いらっしゃる おいでになる お越しになる	伺う 参上する 上がる 参る	参る
いる	いらっしゃる おいでになる おられる	おる	おる
受ける		拝受する	
思う	思し召す(おぼしめす)	存じる	

買う	お求めになる 求められる	○	求める
借りる		拝借する	
聞く	(〜が)お耳に入る	伺う 承る 拝聴する	
着る	召す お召しになる	○	
来る	いらっしゃる おいでになる 見える お見えになる お越しになる	参る	参る
くれる	下さる 賜わる	○	
死ぬ	お亡くなりになる 亡くなられる 逝去する	○	亡くなる

知らせる		お耳に入れる	
知る	ご存じだ	存じる 存じ上げる 承知する	
する	なさる あそばす	いたす	いたします
訪ねる 尋ねる		伺う 参上する 上がる お邪魔する	
食べる 飲む	召し上がる 上がる	頂く 頂戴する	頂く
寝る	お休みになる 休まれる	○	休む
見せる		お目に掛ける ご覧に入れる	
見る	ご覧になる	拝見する	
命じる	仰(おお)せ付(つ)ける	○	
もらう		頂く 頂戴する 賜わる 拝受する	
読む		拝読する	

(注)空欄は一般形のみ存在するケース。「○」は一般形も存在しないケースである。

注釈

・一般的に和語には「お」、漢語には「ご」が付く。しかし、例外として次のような場合もある。

・「ごゆっくり」のように和語に「ご」が付く場合や、「お食事」「お散歩」などのように漢語に「お」がつく場合もある。また、「お返事」「ご返事」「お通知」「ご通知」などのように「お」「ご」の両方がどちらも同程度の多さで使われる言葉もある。

・「社長が　お電話をくださった」「社長からのご連絡」などは、電話や連絡をくれた相手を高める尊敬語の意味としての「お」「ご」になる。

・「社長に　お電話を差し上げた」「ご連絡をする」に見る「お」「ご」は、行為の向かう先の相手の位置を自己よりも高めるための謙譲語である。

・「お肉を使ったお料理」などは、言葉をきれいに表現する美化語としての使い方である。

・「コーヒー」「カーテン」「ジュース」「ピアノ」「テーブル」のような、外来語を中心とするカタカナ語彙へは、「お」や「ご」をつけないのが一般的である。

・「おしぼり」「おじぎ(辞儀)」「ごはん(飯)」のように、「お」「ご」が付かないと意味がわからず、言葉として成り立たないものや言葉の意味が変わってしまうものさえある。

第19章.

擬声・擬態語

第19章. 擬声・擬態語

19-1. 擬声・擬態語とは何か？

人や動物やモノの音を模倣して表現した語彙である。「わんわん」「ざあざあ」「ドンドン」「がらがら」のような語彙を「擬声語」という。一方、モノの状態や身ぶりなどの様子を模倣した語彙、具体的には「つるつる」「じろじろ」「こっそり」のような語彙を「擬態語」という。

19-2. 擬声語の種類

主に人や動物の音声や物体の音をまねて、音で表わした単語を指す。

①「メーメー」:羊の鳴き声

○羊が　牧場で　メーメーと　鳴いている。

②「ワンワン」:犬の鳴き声

○その犬は私に向かって　わんわんと　ほえついた。

19-3.擬態語の種類

事物の姿形・有様・状態・感情などを感覚的に、音を発しないものをも文字で表現した単語を指す。

①「ボーン・ゴーン・ガンガン」:鐘・ゴング等の音

○あちらこちらの寺から　除夜(じょや)の鐘が　ごーんごーんと　鳴りだした。

○独特の鐘の音(ね)にちなみ、人々は「ガンガン寺(てら)」とその教会を呼んでいる。(函館ハリストス正教会(せいきょうかい))

②「カーカー」:カラスの鳴き声

○カラスが　カーカーと　鳴き続けた。

③「ガチャン」:ガラスが割れる音

○がちゃんと　窓ガラスが　割れた。

④「ゴロゴロ」:雷鳴のとどろき響く音

○雷が　ゴロゴロと　鳴りだす。

⑤「ドカン」:爆発音・衝撃音

○ドカンと　大砲の音が　響く。

⑥「ふらふら」:揺れ動いて安定しない様子

○悪路(あくろ)で　ハンドルが　ふらふら　する。

○お酒を　飲みすぎて　ふらふら　する。

⑦「きらきら」:光りかがやいている様子

○星が　きらきら　かがやく。

⑧「ばらばら」:散らばっている様子

○事故現場に　近所から　ばらばら　人が　集まる。

○ガラスの　破片(はへん)が　ばらばらと　飛び散っている。

⑨「めろめろ」:惚れ込んでいる様子。

:とりわけ目上の者が目下の者を寵愛(ちょうあい)する様子。

○まだ幼い娘にめろめろになっている父親。

⑩「たっぷり」:豊かで余裕のある様子

○たっぷりな　水で　麺を　ゆでる。

○たっぷりと愛情をかけられて育った子ども。

⑪「ちょうど」:過不足なく一致する様子

○ちょうど　約束の　時間には　着くでしょう。

第20章. 連語

第20章. 連語

20-1. 連語とは何か?

連語とは、単語と単語の組み合わせについて、その文法的な側面を中心に研究する分野である。単語と単語とを組み合わせるという点で、連語は慣用句と非常に似通っている。したがって、単語と単語とが組み合わせによって作られた「連語」や「慣用句」は、一見した場合、連語なのか、それとも慣用句なのか、なかなか区別をつけがたい。

文の構造を作る場合には、単語だけではなく、単語の組み合わせによって作られた連語や慣用句もまた、その構成要素たり得るのである。

このような事情から、連語の研究方法を理解するためには、「連語と単語との関係」「連語と慣用句との関係」「連語と文との関係」はもちろんのこと、その連語が文の構造に入った場合の「連語と文の成分との関係」「Categorical Meaningと Semantic Componentとの関係」「Syntagmatic Relationと Paradigmatic Relationとの関係」「連語(word－groups)と結合(valence)との関係」といった諸関係をも視野にいれて研究しなければなるまい。こうしてこそ、その連語の特徴を十二分に浮彫りにすることができるのである。

連語とは、二つ以上の自立的な単語の組み合わせによって、一つの名付け的な意味を表わしている合成的な言語単位である。つまりそれは、二つ、或いはそれ以上の単語の意味=文法的な意味の組み合わせである。この連語について、ロシア(ソ連)・日本・中国・中国の朝鮮民族・北韓・韓国といった国々では、それぞれどのように規定しているか、概説すれば、およそ次の通りである。

1)ロシアにおける連語の規定

かつてソ連科学アカデミー(今のロシア科学アカデミー)では、その連語について「словосочетание(srobosochyetane/単語結合)」という用語を用いつつ、次のように規定している——単語結合(словосочетание)と普通呼ばれているのは、自立的(знаменательные)な品詞に属している単語が二つ、もしくはそれ以上の連語によって作られた、単一の分節された概念、或いは表象(представления)を表示する、文法的な統一体(物)(единство)である。

2)日本における連語の規定

日本における連語の規定については、先駆的研究者として知られる奥田靖雄氏らの言語学研究会(1983年)が編んだ『日本語文法連語論(資料編)』では、次のように記されている。

「従属的なむすびつきにもとづく、ふたつあるいはみっつの単語のくみあわせであるとすれば、それは、他の単語を従属させる構成要素と他の単語に従属する構成要素からなりたっている。つまり、連語のなかでは、軸になる主要な単語があって、それにもうひとつの単語がよりかかって、従属的なむすびつきができあがっている。」

3)中国における連語の規定

中国における連語の概念規定は、ロシア流の「単語結合(словосочетание)」や日本流の「連語」という用語を用いないので、その多さには驚かされる。呉大綱(1995)は、その博士論文『現代動詞の意味用法の連語論的な研究』において、「读・投・度・逗・顿・小句・仂语・兼词・扩词・字群・短语・词组・词结・结构・子句・副句」といった、合計十六種類もの呼び名があると述べている。このような用語の多様さには、恐らく言語学者の「結びつき」に対する認識の違いが如実に反映されているのと同時に、単語間の「結びつき」について定義することの難しさが示されていると思われる。なかでも一般的に呼び名として用いられているのが、「词组(cizu)」と「短语(duanyu)」である。このうち「词组」について、例えば、黄佰栄他(1981)『高等学校文化教材、現代漢語、下冊』では、次のように規定している。

「一定の語法の規則に基づいて組み合わされた一群の言葉、これを詞組という。詞組においては、単語と単語との間に一定の文法的な関係がある。同一でない文法的な関係に基づいているので、詞組は各種の類型に分類できる。」

4)中国朝鮮族における連語の規定

中国朝鮮族における連語の規定は、中国で一般に用いられる「詞組」や「短語」でも、また日本流の「連語」でもなく、「単語結合」という用語による。その「単語結合」について、李貴培(1989)著『朝鮮語語法理論』では、次のような見解を示している。

「単語結合というのは、文の構成要素になる二つ、またはそれ以上の単語が文法的な形態を持ちつつ、意味=文法的に連結された単語からなる結合である。」

5)北韓における連語の規定

北韓における連語の規定は、中国の朝鮮族の見解とほとんど同じである。例えばチエジョンフ(최정후)(1983)『朝鮮語学概論』では、次のように規定している。

「単語結合というのは、意味=文法的に連結され、文のなかでその構成資料(要素)になる二つ以上の単語の結合である。つまり単語結合は、完全な意味を有する二つ以上の単語で成り立った意味=文法的な統一だと言えるのである。単語結合は、すなわち文を構成する為の資料(要素)であると言える。」

6)韓国における連語の規定

韓国における連語の研究は、周辺国家よりやや遅れており、とりわけ連語の規定が曖昧な感じを否定できない。概していえば、連語というものを単語と単語との組み合わせとみるよりは、慣用的な組み合わせと把握しているようである。

著者は、先年執筆した博士論文「動詞連語論の研究」1)で、ロシア(旧ソ連)・日本・中国・中国朝鮮族・北韓(北朝鮮)・韓国における「連語論の研究史」という項目を立てた。そこでは、①ロシアにおける「スロボソチエタニャ(単語結合)」の研究について、②日本における「連語」の研究について、③中国における「詞組(cizu)」短語(duanyu)」の研究について、④中国の朝鮮族における「単語結合」の研究について、⑤北韓(北朝鮮)における「単語結合」の研究について、そして⑥わが韓国における「連語」(韓国言語学界における連語の定義が依然曖昧であること)の研究について、それぞれ概観したことがある。

この研究を通じて知り得たかぎりでは、「連語」という用語には、国ごとに、さらには地域ごとに、様々な呼称があるようである。著者はもとより上記博士論文の執筆に際し、極力いろいろな資料を調べたが、韓国にあっては依然、「連語」や「単語結合」の研究たるや、つい十数年前まではその文字すらほとんど見当たらないように私見される。わずかに、南基心(現在、韓国国立国語研究員(1993))が『국어 조사의 용법(国語助詞の用法)』2)において、<連語論>の観点から、格助詞を研究すべきことを主張し、次のように述べている。

> (中略) 따라서「로(ro)格」의 다양한 쓰임을 살피기 위해서는 그것이 쓰인 예문 안에서의 연어론적(連語論的)인 고찰이 필수적이다. 실은 연어론적인 연구의 요성은 비단 조사「로格」에 국한된 것이 아니라 모든 조사에 다 적용되는 것이다.(p219)
>
> (中略)したがって、「로(ro)格/(日本語の「に格」「へ格」に該当する)」の多様な用いられ方を調べるためには、それが用いられた例文の中での連語論的な考察が必要である。
>
> 実は連語論的な研究の必要性は、単に助詞「로(ro)格」だけではなく、全ての助詞についても適用されるのである。

南氏のこうした観点に拠るかぎり、韓国語の文の体系も日本語のそれと非常に似ていることが指摘できよう。特に、両言語はともに格形式がすこぶる発達しているから、その連語における名付け的な結び付きを究明しない限り、当然、文の構造も把握しきれないであろう。

しかしながら、南氏による「連語」というこの稀有な造語は、同書による限り、決して深く考えたうえでなされたものとはい言い難い。加えて、南氏が「連語論」という名目をいかにして知ったか、その経緯が全く記されていないのは、韓国における連語研究史を知る上でも、はなはだ遺憾である。

上記の状況を踏まえながら、本論文では、韓国の言語学界にあって、「連語」という文法領域がどのように研究されているか、具体的に考察することを目的とする。

最近、韓国において、「連語」という部門にも関心が持たれはじめた。2001年冬(12月19日～12月21日)、「連語論」を主題として、学会が開かれたこともあった。韓国の「国語学会(第28回)」では、＜共同討論会＞という特別な研究発表会を設けて、任洪彬(ソウル大学教授)・徐尚揆(延世大学教授)・野間秀樹(東京外国語大学教授)が招かれれ、三教授の誰もが「連語」というテーマに関して、それぞれの見解を発表した。三教授の研究概要を、当時の学会の論文集目次に拠りつつ紹介したい。

韓国・ソウル大学のイムホンビン(任洪彬)教授は、「韓国語の連語の概念とその通辞意味的な性格」3)という題目と、下記の目次を立てつつ、連語の見解を示している。

1.序論 2.自由な結合と連語 2-1.Cruse(1986)の連語概念 2-2.北韓の文法の単語結合と連語 2-3.Melcuk(1995)の自由句 2-4.自由結合と語彙—通辞的な制約 3.連語の定義的な属性に対した理解 3-1.Cruse(1986)とヤンヨンヒ(양영희)の理解 3-2.連語と語彙素などの間の共起関係 3-3.Melcuk(1995)の連語と語彙函数 4.連語の特性と判別の問題 4-1.語彙素間の共起関係 4-2.連語構成の二単語的な依存関係 4-3.連語核の意味と使い方 4-4.連語核(カザラレ)と連語辺(カザリ)の意味関係と意味単位性 5.文法的な連語の問題 5.1Benson et al(1986)の文法的な連語 5-2.リヒザ(이희자)の通辞的な共起関係及び形態的な連語 5-3.キムジンヘ(金鎮海)の形態通辞的な連語 5-4.不規則的な構成と文法的な連語 6.結論(98種)

また、同じく韓国・延世大学のソサンギュ(徐尚揆)教授は、「 韓国語の情報処理と連語情報」4)という題目と、下記の目次に拠りつつ、連語に関する見解を示している。

1.序論 2.連語の概念と範囲に関する問題 3.『延世韓国語辞典』の連語情報の分析 4.連語情報データベースとコーパス利用 4-1.コーパスを利用した結合情報の抽出　4-2.連語情報データベースの要件 5.結論 参考文献(61種)

そして、日本・東京外国語大の野間秀樹教授は、「単語結合論の深化のために―日本の韓国語単語結合論＝連語論を基点に―」5)という題目と、下記の目次に拠りつつ、連語に関する見解を示している。

1.はじめに 2.単語結合とは何か？ 2-1.「単語結合」と「連語」という名称 2-2.単語結合の概念規定 2-3.日本語学での単語結合の概念規定 2-4.単語結合がないもの 3.単語結合と意味 3-1.単語結合と名付けてきな機能 3-2.単語結合と語彙的な意味 4.単語結合の外装的な位置 4-1.単語結合と文との関係 4-2.単語結合とmodality　5.単語結合の分類　6.品詞の下位分類と単語結合6-1.品詞の下位範疇設定と単語結合論 6-2.名詞分類 6-3.韓国語の名詞分類 7.単語結合と格 8.単語結合と対照言語学 9.結論

まず、韓国の任(イム)・徐(ソ)両教授の連語に対する認識度を熟視するに、遺憾ながら、両教授ともに、連語についての定義に依然曖昧な側面があることを否めないのである。まず、任教授の論文を見よう。その序論に掲げられた連語の定義は、下記のとおりである。

本稿は、韓国語における連語の範疇および概念を明らかにし、通辞・意味的な性格を明らかにする、ということを目的としている。連語は、韓国語学界では、まだなじんでない術語である。韓国語学界で連語が話題とされ、連語にまつわる諸問題が取り扱われるようになったのは、比較的最近のことである。そこでは、これまでの研究が視野にいれなかった、カテゴリカルな意味の側面を浮き彫りにするという点で、重要な意義が示されている。これまでの研究では、要素間の系列的な関係を中心に、研究がなされてきた。

「連語」は依然、韓国語学界では一般に知られた用語ではないものの、慣用表現を研究する人や辞典編纂に関心を持つ人、少なくとも連語論研究者の間では、今や決して耳慣れない言葉ではない。しかしながら、連語という概念自体が、かなりゆらぎのある、不安定なものであって、連語をいかにして非連語と区別するかという問題になると、その基準はかなり混乱した状況下にある。

また、徐教授は、連語を構成する要素のあいだで、意味的な関係に基づくものである、と規定している。同氏の論文では、連語を構成する意味的な結合関係が、主に「意味的な緊密性」、「緊密で制限的意味関係」、「意味解釈の透明性」といった表現で、解説されている。しかしながら、著者の見るところでは、これまた主観的なものであり、これを客観的に捉えるための基準もなお明白だとは言い難い。また、同氏が論文中で列挙した具体的な事例をみても、それらがどこまで意味的に緊密な関係がある連語なのか、判断するうえで著者は困難を覚えるのである。そもそも、連語の概念をどのように定義すべきかによって、連語の範囲自体も変わってしまうのである。それだけではなく、連語を研究する分野や目的の差異によっても、連語の概念は広くもなれば、逆に狭くもなるのである。

このように、「連語」の意味合いを定義するに当たって、両教授ともにかなり悩んでいるもののようである。とりわけ注意すべきことには、単語と単語との意味合いが、慣用性が強いと「慣用句」となり、その慣用性が弱ければ「連語」となることである。その基準についても、両教授はともに、なお困難を覚えているもののようである。ちなみに、野間秀樹教授は、奥田靖雄(日本における連語研究の始祖)の規定した「連語」と北韓言語学界の用語である「単語結合」を紹介するにとどまり、自分の見解は示していない。

以上、もっぱら関連する論文をのみ紹介したが、次に「連語」と題する単行本が出版されたことを紹介しておきたい。

キムジンヘ(金鎮海・現在、慶熙大学教養学部教授)(2000)『連語の研究(COLLOCATIONS)』6)がそれである。同書は韓国文化社から出版されたが、その目次は、下記のとおりである。

通辞的な連語の概念及び結合様相 3-3-2.形態・通辞的な連語の有形 4.連語の意味的な様相 4-1.連語の意味関係 4-1-1.連語の同意関係 4-1-2. 連語の対立関係 4-1-3. 連語の上下位関係 4-2.連語の意味機能 4-2-1.起動 4-2-2.被動 4-2-3.原因 4-2-4.行為 5.結論 参考文献

なお、金教授における連語の見解では、そもそも連語(collocations)を概念定義すること自体、実はかなりの困難が伴うのである。というのも、collocationsという英語は、「連語」と翻訳されたり、「組み合わせ」とも翻訳されるからである。また、一般に、構成要素のなかでも、緊密な結合なのか、反対にそうでないのか、といった構成要素間の緊密性に注目して連語を分類しているのであるが、これとて研究者の主観がたぶんに作用せざるを得ないのである。

以上をもって、現代韓国の言語学者らが「連語」をどのように定義しているかを概観した。著者が今般最も痛感したことは、韓国の言語学界における連語の見方は、「カテゴリカルな(categorical)意味」の取り出し方が、依然欠如していることである。すなわち、単語と単語とが組み合わさり、そこにどんな「結び付き」が生じるのか、このことに関する注意が依然不十分なようである。そもそも、韓国言語学界における連語の定義自体が曖昧なので、その分析法もまた曖昧となり、連語の研究が、まるで「慣用句」研究の延長線となってしまっているのである。この点、今後学界挙げての鋭意研究の余地ありと言えよう。

なお、両教授はそれぞれの論文において、相当量の参考文献を取り上げており、これは今後の研究の良き基盤をなしていよう。ただ、微瑕としては、日本で出版された代表的な先行文献である、言語学研究会(1983年初版)『日本語文法連語論・資料編』(むぎ書房)が取り上げられていないことを挙げざるを得ない。

＜注釈＞

1).薛根洙(1998)「動詞連語論の研究-移動動詞の日韓比較研究を中心に-」大東文化大学大学院博士論文

2).南基心(1993)『国語助詞の用法(국어 조사의 용법)』韓国瑞光学術資料社

3).国語学会(2001)「国語学会共同研究会発表論文集(第28回)」韓国国語学会

4).注3)を参照されたい。

5).注3)を参照されたい。

6).金鎮海(2000)『連語の研究(COLLOCATIONS)(연어(連語)의 연구)』韓国文化社

20-2. 連語の位置づけ

連語は、単語と同じように文を作るための材料であり、そして連語論とはこのような連語(従属語と中心語との組み合わせによって作られた連語)を基本単位としつつ、文法を研究するという構文論の一分野である。したがって従属的な結び付きに基づいた、名付け的な単位としての組み合わせが、その研究の主たる対象になる。

一般的に文法論は、形態論と構文論とに大別されるが、その構文論が、さらに連語論と文論に分けられるのである。よって文法論における連語論の位置は、文論とともに構文論の下位分類にあたるものと言えよう。(文法論→構文論→形態論・構文論→連語論・文論)

連語論は、構文論の下位分類として、文論とともに、下のように図示される。

- 文法論(Grammar)
  - 形態論(Morphology)
  - 構文論(Syntax)
    - 連語論(Word Groups)
    - 文論(Text)

連語論の研究対象が、連語であるのは上に見たとおりであるが、その連語の生成過程で生じる、文法形式の諸要素を念頭に置かねばならない。

20-3. 連語の特徴

連語は、ただ単に二つ以上の自立的な単語を並べるだけで成立するというものではなく、そこには、いくつかの連語特有の文法的な条件を特徴としている。

例えば、「名詞と動詞」との連語の場合には、連語的な結び付きを成り立たせるべく、次のような三つの条件を満たさなければならない。

(1)どのような名詞なのか (名詞のCategolical Meaning)

(2)どのような格なのか　(格の種類)

(3)どのような動詞なのか (動詞のCategolical Meaning)

一つの連語的な結び付きを調べるためには、(1)従属語がどのような名詞(どのようなカテゴリカルな意味を持つ名詞)なのか、また、(2)その名詞の格形式は何か、そして、(3)中心語はどのような動詞(どのようなカテゴリカルな意味を持つ動詞)なのかを、それぞれしっかりと分析しなければならない。こうした条件を満たして、はじめてそこに一つの連語が成り立つのである。例えば、

(1)-a. 太郎は 山に 行く。(行き来先の結び付き)

(1)-b. 太郎は 山を 行く。(行き来ところの結び付き)

(1)-c. 太郎は 山に 荷物を 運ぶ。(行き来的な移し替え先の結び付き)

これら実例からも明らかなように、個々の単語は、密接に組み合わさり、一つの統一的な名付け的な意味を表わしている、ということが知られよう。また、「連語を二つ、或いはそれ以上の単語の組み合わせである」と規定したのは、それが「山に行く」というように、二つの単語で組み合わさることもできるし、あるいは「車で山に行く」という

ように、三つ以上の単語で組み合わせることもできるからである。

(1)-a～(1)-cの連語で示された自立的な単語は、それぞれ、一定の名付け的な意味を有しており、そのことが個々の自立的な単語(特に、中心語になる単語)に、結合する能力を与えている。自立的な単語に見られるこうした結合能力をvalence(バレンツ)という。これは、個々の自立的な単語に存在する一定の名付け的な意味に基づくものである。すなわち、例えば「行く」という動詞が持つ結合能力が、「に格」の空間名詞と組み合わさった場合には、「行き来先の結び付き」という名付け的な連語を作り出すことができる。しかしこれが、「に格」の空間名詞に代わって、「を格」の空間名詞と組み合わさった場合には、「行き来先の結び付き」ではなく、「行き来ところの結び付き」が成立するのである。それから「運ぶ」という動詞の結合能力を見ると、そこには＜二単語＞による連語ばかりでなく、「山に荷物を運ぶ」というような、＜三単語＞の連語の構造を作り出す場合もある、ということがおのずと知られよう。

ここで言う自立的な単語とは、文法的にも語彙的にも、自立して存在できる単語のことであり、しかもはっきりとした名付け的な意味をもつものにかぎられる。つまり、単語としての意味と機能とを完全に所有しており、しかも名詞・動詞・形容詞(いわゆる形容動詞を含む)・副詞(陳述副詞は含まれない)のような、いわゆる一次的な品詞に属している単語を指しているのである。それ以外の単語、すなわち、感動詞.接属詞.陳述副詞.後置詞.助動詞(いわゆる補助動詞など)、およびコピュラ(むすび、繫詞)といった二次的な品詞に属する単語は、みな連語論で対象とされるような単語の組み合わせを作らない。

連語が、単語の意味=文法的な組み合わせであるというのは、その組み合わせによって、意味的な側面と文法的な側面が浮き彫りにされるからである。ここでいう意味的な側面とは、連語の内容的な側面を指している。また、文法的な側面とは、連語の構造的な側面を指している。実際、連語構造においては、この二つの側面が、相対的な自立性を保ちながらも、互いに分類することができない密接な関係を保っているという特徴を認めることができる。

さて、自立的な単語が、意味=文法的な組み合わせによって、名付け的な連語を生成する場合に、そこに展開される連語と格形式との関係に注目してみよう。まず、次の実例を示しておこう。すなわち、

(2)-a. 太郎は　山に　行く。

(2)-b. 太郎は　山を　行く。

(2)-c. 太郎は　山に　荷物を　運ぶ。

(2)-d. 太郎が　行く / 運ぶ。

上の(2)-a〜(2)-dで示された実例のなかで、「行く」という移動動詞と、「運ぶ」という移し替え動詞がそれぞれ連語を構築する場合、そこで格形式をとる名詞に特に注目してほしい。

そもそも動詞が文の構造(或いは、連語の構造)で、名詞の特定の格と組み合わさるとき、その動詞は、その格を支配することができる。これがいわゆる格支配(case government)である。さて文のなかで格支

配が行われた場合に、その連語の対象となり得る格支配は、斜格で支配された構造のみである。

例えば、(2)-a・(2)-b・(2)-cで示したように、「山に行く」「山を行く」「山に荷物を運ぶ」は、文の成分から見ると「補語＋述語」或いは「補語＋補語＋述語」の組み合わせである。しかし、2)-dで示した「太郎が行く/運ぶ」のような文では、「主体＋述語」という文の成分からの組み合わせであり、その格形式が、＜斜格＞ではなく、＜直格＞の形をとっているということがわかるだろう。これについてさらに実例をもって示せば、次の通りである。例えば、

(3)-a. 山に　行く。山(に) ……………………… 行く。　(斜格)
(3)-b. 山を　行く。山(を) ……………………… 行く。　(斜格)
(3)-c. 山に　荷物を　運ぶ。山(に)…荷物(を)……運ぶ。　(斜格)
(3)-d. 太郎が　行く/運ぶ。太郎(が)…………… 行く/運ぶ。(直格)

上の例からも知られるように、3)-dは「太郎が行く」のように、<直格>で結ばれている。しかし、(3)-a～(3)-cの例では、「太郎が行く」という直線上に、「山に」「山を」或いは「山に荷物を」という形をとる名詞で、斜めに結ばれている。これらを直線および斜線によって示せば、次のとおりである。例えば、

(4)＜直格・斜格＞

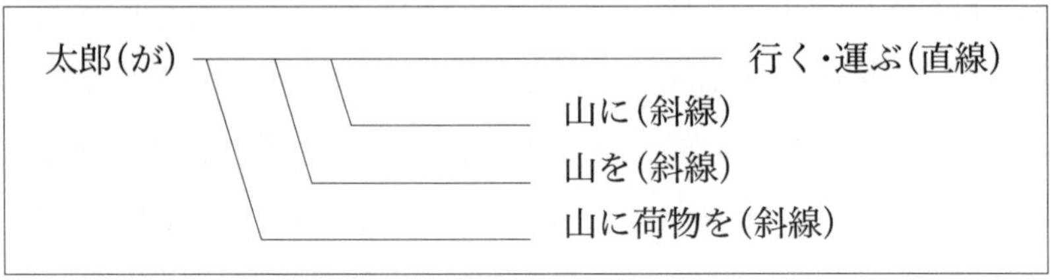

このように、文や連語は、骨組となる部分(直格の組み合わせ)と、他の部分(斜格の組み合わせ)を付け加えて、次第にその組み合わせを、＜二単語＞以上にまで広げることができる。そしてそれによって意味的な関係もより豊かに表わせるようになるのである。

連語の構造のなかで、取り分け「名詞＋動詞」のような構造を構築する要素として参加できるのは、「直格=が格」ではなく、「斜格=に・で・へ・を・から・まで格」であると言えよう。なお連語(従属語を名詞で示すそれ)の研究は、とりもなおさず「斜格」の形をとる名詞を対象とすることが、その特徴である。

20-4. 連語と単語との関係

すでに見たように、単語とは、言語活動の手段としての言語における、もっとも基本的な単位である。したがって連語を組み立てるうえで、もっとも基本的な単位ともなる。また、単語と連語は、文を組み立てるうえで基本的な単位としても、そしてその文を構築する材料としてもともに共通性を持っているのである。

個々の単語は、現実の断片を一般的に指し示すだけではない。それはまた、他の単語と関係を示すこともできる。こうした関係からも知られるように、単語には二つの側面を考えることができる。第1の側面は、現実のどのような断片を指し示すかという面である。いわば単語の語彙的な側面である。第2の側面とは、そうした語彙的な側面が文のなかで、どのような関係を表わし、どのような役割を果たすかという側面である。こちらはいわば、単語の文法的な側面である。前者は単語ごとに異なっている。そうしたものをその言語の語彙というのである。また後者は、連語や文の文法的な側面とともに、文法を成している。こうした事情から単語というのは、語彙的な意味や文法的な意味という両面を持った要素であるとみられよう。したがって、これらの意味によって、単語は連語を構築することができるのである。

さて単語とは、それが連語を組み立てる要素として用いられる場合には、語彙的な意味だけではなく、関係的な意味をも備えなければならない。ある語彙的な意味は同じ連語のなかに入り込み、他の単語の語彙的な意味と結び付いている。その結び付きがなんらかの文法的な手続きで表現されていなければ、連語の名付け的な意味は成立しないのである。なお、その単語と単語との語彙的な結び付きは、現実の出来事に参加するものの結び付きの言語的反映にほかなるまい。

ここで、「行く」「話す」「貼る」といった単語を、その語彙的な意味を狭めながら、連語を作り出せるかどうか調べてみよう。まず、「行く」という動詞単語は、移動動詞のカテゴリーのなかで、「行き来」という語彙的な意味のもとで、A地点から出てB地点に到着するという意味特徴を持っている。このような語彙的な意味を持つ単語が、「に格」の形をとる名詞と組み合わさることを想定してみよう。これと組み合わさる従属語位置には、「学校」「先生」「黒板」といった三つの単語を示しておこう。例えば、

(1)-a. 太郎は　学校に　行く。(○)

(2)-a. 太郎は　先生に　行く。(×)

(3)-c. 太郎は　黒板に　行く。(×)

上の例で示した組み合わせをみると、「先生に行く」と「黒板に行く」では、連語としての結び付きが成り立たないのである。つまり換言すれば、これらの場合には、語彙的な意味が連語のなかに入っても、本来生じるはずの文法的な意味の働きを生じ得ないのである。しかし、「学校に行く」の場合には、<二単語>の構造を持った連語として「行き来先の結び付き」を実現させている。これは「行く」という単語が、「移動する」という語彙的な側面において、それが連語の構造に入った場合には、その従属語の位置に場所名詞が必要であるという、単語の文法的な側面を全面的に果たすからである。ここにいわゆる、単語の結合能力(valence)を見て取れよう。これは連語の構造で結び付きを成立させるうえでは必要不可欠な文法的要素である。なおまた、「行く」という移動動詞が、「行き来先の結び付き」を実現させる連語の構造を構築するには、これと組み合わさる従属語名詞は、場所名詞の形で示されなければならない。すなわち、空間的な要素を持った名詞で示されるということである。(2)(3)は、一見すると場所名詞に見えるが、そ

の人名詞やモノ名詞は、空間要素を欠いている単語である。それゆえ、「先生に行く」や「黒板に行く」という組み合わせを、「行き来先の結び付き」として実現させるためには、「〜のところに」「〜のもとに」「〜のそばに」などのような空間的な形式名詞を必ず添えなければならない。例えば、「先生のところに行く」や「黒板のところに行く」という組み合わせによって、「行き来先の結び付き」を実現させることができる。

次に「話す」という単語は、言語活動を表わすという動詞のカテゴリーにおいて、言語行為者側のAが、聞き手側のBに、通達するという意味特徴を持った動詞である。このような語彙的な側面を持つ単語が、「に格」の形をとる名詞と組み合わさる場合を想定してみよう。上の用例で示されているように、これと組み合わさる従属語位置には「学校」「先生」「黒板」の計三つの単語を示しておこう。例えば、

(1)-b. 太郎は　学校に　話す。(○)

(2)-b. 太郎は　先生に　話す。(○)

(3)-b. 太郎は　黒板に　話す。(×)

下の例で示したような組み合わせを見ればわかるように、「石に運ぶ」と「絵に運ぶ」では、連語としての結び付きが成り立たないのである。つまり、語彙的な意味が連語のなかで、文法的な意味の働きを果たすことができないのである。しかし、「山に運ぶ」の場合には、<二単語>の構造を持った連語として「行き来先の結び付き」を実現させていることがわかるだろう。しかし「山に運ぶ」という<二単語>による

構造こそひとまず成立したものの、「何を運ぶか」という点では、まだ不完全な組み合わせであることがわかるだろう。そこで「木を」という「を格」の形をとる対象物を示すことで、「山に木を運ぶ」という完全な組み合わせとなり、ここに「行き来的な移し替え先の結び付き」という<三単語>による連語が実現するのである。

その次に、「貼る」という単語は、移動動詞のカテゴリーにあっては、「取り付け」という語彙的な側面から、ある場所にものをくっつけるという意味特徴を持った動詞である。このような語彙的な側面を持つ単語が、「に格」の形をとる名詞と組み合わさる場合を想定してみよう。これと組み合わさる従属語位置には、「石」「絵」「山」の計三つの単語を示しておこう。

1)太郎が　石に　貼る。(〇)　・石に　運ぶ。　(×)
2)太郎が　絵に　貼る。(〇)　・絵に　運ぶ。　(×)
3)太郎が　山に　貼る。(×)　・山に　木を　運ぶ。(〇)

この場合、3)の「山に貼る」では、語彙的な意味が連語のなかで、文法的な意味の働きを果たすことができない。より具体的には、なんらかのものを貼る対象が巨大すぎて(＝山)、連語としての結び付きが成り立たないのである。これに対し、「石に貼る」および「絵に貼る」の場合には、<二単語>の構造を持った連語として「取り付けの結び付き」がいちおうは実現している。しかしながらそれでも、「何を貼るのか」という点では、まだ不完全な組み合わせを示していることが知られよう。そこで「シールを」という「を格」の形をとる対象物を示すことで、「石(絵)にシールを貼る」という完全な組み合わせとなり、ここに「取り付けの結び付き」という<三単語>による連語が実現するのである。

ともあれ、こうして見ると、連語とは、「個々の単語が持つ語彙的な意味や文法的な意味の側面から、つまりいわゆる結合能力から作り出された産物である」と言えよう。

20-5. 連語と文との関係

文には、構造があって、いくつかの要素から組み立てられている。この要素となるのは、単語のほか、連語や慣用句がも挙げられるが、基本的にはやはり単語である。文が単語と連語の組み合わせによって成り立った産物であるとみるなら、一方の連語は、文字どおり単語と単語との組み合わせによって成り立った産物であると言えよう。そして、このように文と連語がともに単語の組み合わせによって成り立つという共通性から、それらが持つ相違だけではなく、相互関係をも解明することができよう。

「連語と文」との差異は、文が陳述性を持っていることに対して、一方の連語は陳述性を持っていないということにある。陳述性とは、単語や連語で表現される内容が、現実と組み合わさる関係として、言語行為に参加する人が、一定の思想感情を表現する能力である。また、ここでいう単語や連語で表現される内容とは、それぞれの単語や連語が文との構造的な組み合わせを作る際に示す客観的な意味である。そして、現実と組み合わさる関係というのは、文を書く人、すなわち話者と具体的な言語環境及び聞く対象との間に組み合わさる関係を意味しているのである。だから繰り返せば、陳述性とは、それが現実と組み合わさる関係をなしている場合には、話法、表現の性格、時間関係、肯否定関係、言葉の様子など単語や連語で表現される客観的な内容と重なり合いながら、表現者の意図を表わしている。そしてそこにこそ、要素の総体が全て含まれているのである。だから文というのは、単語や連語で表現される客観的な内容と陳述性との統一体である、と言えよう。では具体的な用例から、そうした関係がどのように表現されているのかを見てゆこう。

(1)-a. 日曜日に 山に 荷物を 運ぶ。

上に示した用例は、五つの単語が組み合わさってできた連語であり、ここに一定の意味的な内容が表現されている。しかし、このような意味的な内容は、単語との意味=文法的な秩序が表わす意味的な内容であるに過ぎず、具体的な言語環境にもとづいて話者が表現した思想感情では決してない。そこで、このような連語を具体的な思想感情を表現する文とするためには、もう一つの違う側面、すなわち陳述性が新たに表現されるべきであろう。例えば、

(1)-b. 日曜日に 山に 荷物を 運んだ　そうです。

(1)-bでは、連語で表現される客観的、かつ意味的な内容と現実との関係(陳述性)とが統一されることで、文の資格を完全に備えた用例となるのである。もっと具体的に言えば、(1)-aが「日曜日に 山に 荷物を運ぶ」という連語で表わされた内容であるのに比して、こちらは次のような陳述性の諸要素が重なり合ってできたものである。

①単語結合で表わされる内容が発話の瞬間より以前にあった事実であること。(過去時間)
②事実を通達する内容であること。(通達話法)
③その内容が別の人の言葉を伝える事実であること。(伝達法)
④この内容を聞かされる人に対する尊敬。(敬語表現)

(1)-bからも分かるように、連語の観点からは、陳述性の要素とは、その場合の終わりに表わされる単語(中心語)にある。そして文の成分的な観点からは、組み合わさる述語の形態に、集中的に表わされる。実際に、(1)- bで示された陳述性の要素である、過去時間、通達話法、伝達法、敬語表現の文法的な側面は「運んだそうです」という中心語位置に示される移動動詞の形態系のなかに集中的に表現されている。そのため一般的に、文の客観的な意味的な内容は、連語として表現され、陳述の要素と組み合わさり述語の形態体系の上に表現されるのである。

以上(1)-aと(1)-bの2例文をもって論じたように、文が連語に表現される意味的な内容は、陳述性との統一体において成されるということが知られよう。だから連語と文との関係において、その本質的な差異を規定できる要素こそ、陳述性であると言えよう。

20-6. 連語と文の成分との関係

文は、単語と連語の組み合わせによってできあがったものであり、連語と緊密に関連づけられている。だから、連語と文との相互関係を正確に把握する事は、連語自体に対する理解をより深めるだけではなく、連語研究の目的となる文の構造認識の前提を作るうえでも重要な問題となる。連語と文との相互関係を正確に把握するためには、まず文の構成の機能的な単位である文の成分と連語との関係から正しく解明すべきであろう。一般的に連語と文の成分は、同じく文の構成単位を作っているという点で、共通性を持つ。しかしながら、連語と文のそれぞれの成分は、文の構造の全般的な構成を反映する、相異なる秩序の単位でもある。だから両者は同じく文論の構成部分を作りながらも、それぞれ固有な体系を持っているのである。

このような状況について、鈴木康之(1983)は次のように指摘している。

> 連語は、文の構築材料として文の構造の中に入る時、その構成要素がそれぞれ文の成分に昇格していくことがある。その場合は、連語の構成要素の間の関係がそのまま文の中に持ち込まれるのだが、

しかし、その関係は文の成分の間の関係に等しいというわけではない。なぜなら、文の成分の間の意味的な結び付きは、連語の構成要素の間のそれよりもはるかに複雑だからである。文が通達的な単位であり、機能的な構造をなしているため、文中に存在する連語の構成要素が、連語の枠を越えて文の中での機能を授けられ、言い換えれば、文の成分(主語.述語.補語.対象語.規定語.修飾語など)としての役割を果たして、機能的に規定されるのである。文の中において、連語の構成要素の結び付きを保ちながら文の成分として機能する。

連語の文に対する関係にはこうした二面性が認められるとする鈴木氏の見解に、著者もまた同調するものである。それでは今度は、連語と文との相互の関係をいくつかの例文を通じ見てゆこう。文の構造のなかで連語は、文の成分と関わりを保っている。また、その関わりの持ち方は実に多様でもある。個々の単語が文の構造や連語を構築するなかで、それぞれの単語や連語は、文の成分へと分解され得る。具体的には例えば——

(1)-a：＜連語＞

・学校に　行く。

(1)-b：＜文＞

・太郎は　学校に　行く。
　　　　　対象語　述語

(1)-c：<文>

・太郎は　学校に　行くのが　好きだ。
主語

(1)-d：<文>

太郎は　彼が　学校に　行くのを　見た　ことが　ない。
対象語

(1)-e：<文>

・太郎は　学校に　行く　ことに　反対だ。
補語

(1)-b：<文>

・太郎は　学校に　行く　為に　自車車を　買った。
状況語

こうしてみると、文の成分が文の構成の機能の単位であると見れば、連語は文の構成の論理的な単位であると言えよう。文の成分が機能的な単位であるということは、それが文の構成の単位を作りながら、互いに相互的な関係を作る単語や連語を機能的な観点から、一次的に区分するときに出てくる単位であるということを意味している。だから、文の成分はまず、違う成分との相関的な関係を前提にしつつ、それ自体が文の構成の独自的な単位となるのである。

一方、連語が論理的な単位でもあることは、それが文を作る構成単位の間の意味=文法的な関係に基づいて、論理的に取りだした単位である事を意味するのである。だから、連語は、まず文の成分とは別に、常に相異なる単語や単位の間の相互関係を前提とするのである。この点において、連語は常に関係的である、と言えるだろう。なおまた、文の成分が孤立的であると言えるなら、これとは対照的に、連語は関係的であるとも言えよう。

(1)-g：＜連語＞

・太郎は　日曜日に　自転車で　学校に　行った。

(1)-h：＜文＞

・太郎は　日曜日に　自転車で　学校に　行った。
主語　補語　述語

(1)-gと(1)-hの2例からも知られるように、「日曜日に」「自転車で」「学校に」といった従属語名詞が、「行った」という中心語動詞と組み合わさることで、「学校に行った」「日曜日に行った」「自転車で行った」といった例に見るように、それぞれの連語の意味的な関係や文の成分である補語がいわゆる拡大補語として、連語と文の成分との関係を保っているものの、決して両者を同一視してはならないのである。

20-7. 連語と慣用句との関係

連語(word-groups)は、単語と単語との組み合わせ、いわゆる語彙的な意味と文法的な意味とが融合されて成り立つ構築物である。そして、慣用句(idiom)も、連語と同様に単語と単語との組み合わせによって成り立つものである。また、慣用句は、文の構造を構築する材料として用いる、という点も同様である。このように共通性を持ちながらも、連語と慣用句との間には、どのような違いがあるのかを調べてみよう。

連語は、単語と単語との組み合わせによって、その従属語と中心語位置に示される単語が持つ語彙的な意味を狭め、結び付きという名付け的な意味を生じるのである。ところが慣用句は、単語と単語との組み合わせによって生じる名付け的な意味が、従属語と中心語位置に示される単語の意味とは異なっている。ここに連語との相違点が認められよう。例えば、次の用例で示したように、移動性の結び付きを現わす動詞である、「来る」「入れる」「のぼる」のような動詞が、従属語位置に示される名詞と組み合わさり、「頭に来る」=感情を害されて怒る、「手に入る」=自分の所有になる、「口に上る」=話題になる、というような意味合いが生ずるが、これらはいずれも字面(じづら) に記された移動性を表わす名付け的な意味とは全く異なる意味合いを帯びている。

◯「でも出たんだよ」と僕は頭に来て言った。(村上春樹・ノルウエイの森(上))

◯帰りの間ぎわにそういうことを申し入れるわずらわしさを考えて躊躇(ちゅうちょ)していると、ふいに鯨やんの大きな顔が目に入ってきた。(椎名誠・新橋烏森口青春編)

◯家へ帰って、夕食を食べる時にも、妙に心が落ちつかない。軒の雨(あま)だれの音も信夫(のぶお)の耳にははいらない。(三浦綾子・塩狩峠(しおかりとうげ))

◯「頭がぼんやりしてたんだ。それでいろんなことがうまく頭に入ってこなかったんだ」(村上春樹・ノルウエイの森(下))

◯「どこで、この仏像を手に入れました？」(夢枕獏(ゆめまくらばく)・黄金宮)

連語の構造でも、慣用句の構造でも、その意味的な関係が生じる場合には、主に中心語位置に示される品詞によるものが一般的と思われる。その中心語位置に示される動詞の場合には、基本的な意味と派生的な意味があると言われている。

まず基本的な意味とは、その動詞が束ねている意味=カテゴリカルな意味であろう。言い替えれば、カテゴリカルな意味のなかでも最も表に出た意味であろう。この意味とは、一定の言語的な条件に縛られない意味である。これを自由な意味とも言うことができる。上に述べたように、移動動詞が、移動性の結び付きを実現させるためには、従属語位置に、場所名詞や空間的なニュアンス(場所性)を持った名詞が示されなければならない。このように、中心語位置に示される動詞の基本的な意味に注目して、名付け的な結び付きに注目することこそが連語研究である、と言えよう。

一方、派生的な意味とは、基本的な意味から外れた意味を指していよう。例えば移動動詞の場合、移動性を表わす意味が連語として組み合わされたとき、そこには移動性を表わす結び付きが、当然生じるべきであろう。しかしながら、組み合わせによっては、このような本来の意味=基本的な意味が実現出来ない場合がある。従属語位置に示される名詞の種類によっては、上で示された「頭に来る」「手に入る」「手に入れる」「目に入る」「口に上(のぼ)る」といった組み合わせによって、中心語位置に示された動詞の移動性とは無縁の意味が生じる場合である。これが、いわゆる移動性の基本的な意味からズレた意味=派生的な意味になるだろう。このような組み合わせは、形式上は連語と同様<二単語>から成り立っていても、意味的にはもはやそれ以上分割できぬものもあり、これらはいずれも慣用句的な意味合いを帯びた組み合わせであるといえるだろう。

ところで奥田靖雄(1984)は、このような組み合わせを「慣用句的な言い回し」と、「慣用句的な組み合わせ」と名付け、次のような見解を示している。すなわち——

> 「手をやく」「はらをたてる」「口火をきる」「やきをいれる」「だだをこねる」「そでをひく」「むねをうつ」「あとをたつ」のような、意味的には分割しようのない慣用句のことを、慣用句的ないいまわしと名付けている。
>
> それにたいして、「世話をやく」「あぐらをかく」「すもうをとる」「てつづきをふむ」「うそをつく」「けちをつける」「ぐちをこぼす」のよ

うな型の慣用句は、慣用句的な組み合わせであると区別している。

また、高木一彦(1997)は、＜慣用句＞を＜連語＞と区別して、次のように規定している。なお同氏は、＜慣用句＞も＜連語＞と同様に構造的なタイプによって、カテゴリー化できるという点にも注目している

見た目には二つ以上の組み合わさった形にみえるが、連語ではなく、その全体がひとまとまりで単語なみに独自の意味を表わし、習慣的に使われる。連語が名付け的な意味をずらせて慣用されると、慣用句が生まれる。単語や連語とともに、文を組み立てる材料となる言語の単位。例えば、

・「(交渉に)骨が折れる」「(株に)手を出す」　(まとまり慣用句)
・「癪(しゃく)にさわる」「埒(らち)があかぬ」「小耳(こみみ)にはさむ」　(とけあい慣用句)
・「相撲をとる」「碁をうつ」　(くみあわせ慣用句)

いずれにせよ、このような慣用句的な組み合わせにあっては、連語の構造を拡大し<三単語><四単語>から成る組み合わせをもった連語として、構造を広げることもできなければ、その意味を豊かに広げることもできない。連語論の観点からみると、それらは連語の変種=派生的な組み合わせである、と言えよう。

20-8. Categorical MeaningとSemantic Componentとの関係

カテゴリカルな意味とは、語彙的な意味の構造の中で、外側にあって、核になる中心的な部分を取り巻いていることをいう。「きり付ける」「縫い付ける」「打ち付ける」「結びつける」といったな動詞の作り方のなかに焼き付けられているこれらの動詞の結合能力(Combinability)は、「付ける」のなかにあると言えよう。

そして、カテゴリカルな意味は、この中心的な部分を他の単語のそれと結び付ける連結器の役割を果たしている。また、語彙的な意味の構造のなかで文法的な機能を果たしている部分であるといえるだろう。それが単語に構造性を与えるのである。

品詞のなかで、動詞をカテゴリカルな意味に分類する場合、意思動詞と無意思動詞、動作動詞と状態動詞のように、対義的な分け方をなすこともできる。

連語は、単語(従属語)と単語(中心語)との組み合わせによって生じる、一つの「結び付き」を、研究の対象とする文法論である。このように、ある種の「結び付き」を想定した場合に、従属語と中心語位置とに示される単語が、いかなるカテゴリカルな意味(categorical meaning)と意味特徴(semantic component)のもとで、この種の結び付きを実現させることができるのか、ということも研究の対象になるだろう(以下、「カテゴリカルな意味」と「意味特徴」と呼ぶ)。換言すれば、それぞれの従属語と中心語位置に示される単語のカテゴリカルな意味と意味特徴とを全面的に浮き彫りにすることで、目的とする連語も浮き彫りにされるだろう。それゆえ、カテゴリカルな意味と意味特徴は、連語を構築させるうえで最も基本的な単位である、とも言えよう。

ここでは、「移動動詞グループ」を例として、それが様々な連語の構造を構築する過程の中で、それぞれの単語(従属語と中心語)に示される、その「カテゴリカルな意味」と「意味特徴」が、どのような役割を果たしているのかを調べてみよう。

まず「移動性の結び付き」を想定した場合に、中心語位置に示される動詞は、当然移動動詞で示されなければならない。そこで、移動動詞を以下のようにカテゴリー化し、それぞれのカテゴリーに命名しよう(以下の移動動詞を「移動動詞グループ」と呼ぶ)。

(1)行き来動詞

・行く・来る・やって来る・帰る・戻る・通う・集まる・駆け付ける・進む・歩く・走る・這う・駆ける・泳ぐ・飛ぶ…

(2)近づきの動詞

・近づく・接近する・近寄る…

(3)出入り動詞

・出る・入る・出入りする・流れ込む・飛び出す・発(た)つ…

(4)到着動詞

・着く・たどり着く・到着する…

(5)出現動詞

・出る…

(6)行き来所動詞

・行く・来る・帰る・戻る・登る・上がる・降りる・下る・回る・曲がる
・進む・歩く・走る・這う・駆ける・泳ぐ・飛ぶ…

(7)通り抜け動詞

・通る・渡る・越える・抜ける・過ぎる・経(へ)る・横切る…

(8)離れ動詞

・出る・発つ・去る・遠ざかる・離れる・退く・引き上げる…

(9)行き来移し替え動詞

・移す・運ぶ・集める・届ける・送る・やる・戻す・返す・投げる・放(ほう)る
・捨てる・落とす…

(10)近づけ移し替え動詞

・近づける・近寄せる・接近させる・進める…

(11)出し入れ移し替え動詞

・出す・取り出す・入れる・出し入れする…

(1)〜(11)までのカテゴリーの内訳は、移動動詞における移動の仕方に注目して分類されたものであって、それぞれのカテゴリーには共通性の意味を伴っている、ということが知られよう。また、その共通性の意味のなかに属する各単語には、それぞれの意味特徴が内包されている、ということにも注目すべきであろう。

それでは、この移動動詞が、連語の構造を構築する場合に、カテゴリカルな意味や意味特徴は、どのような役割を果たすのかを調べてみよう。

まず、1)に示された行き来動詞は、A地点から移動し、B地点に到達(到着)をする、というカテゴリカルな意味のもとで、他の移動動詞とのカテゴリー化ができる。このようなカテゴリカルな意味が、連語の構造に入り「移動性の結び付き」を実現させるためには、従属語位置に「に格」の形をとる場所名詞(Locative Noun)や空間的なニュアンス(場所性)を持った名詞が示されなければならない。もし、空間的なニュアンスを持たないモノ名詞や人名詞を用いる場合には、その従属語名詞には「〜のところに」「〜のそばに」「〜のうえに」「〜のなかに」のような、トコロ性を持つ形式名詞を用いて、空間化の手続きが取られなければならない。したがって、このような組み合わせによって、「行き来先の結び付き」が現されるのである。中心語位置に示される動詞を個別的に、その意味特徴に注目すると、「行く・来る」は一直線に目的地までの移動であり、「帰る・戻る・引き換えす・引き取る」は、元の居場所への再移動であり、「通う」は出先点の場所と移動の反復性が浮き彫りにされる移動であり、「集まる・集合する」は多方面から一個所への移動、という意味特徴がみられる。このように、動詞グループ内での、大きなカテゴリー化と、移動動詞なかでの個別的な意味特徴のもとでの小さなカテゴリー化とが可能となる。また、従属語位置に示される名詞については、いかなる空間場所性を帯びた名詞で示されるかが問題となる。言い替えれば、従属語位置に示される名詞が、「行き来先の結び付き」を実現させるためには、空間性を持った名詞と空間性を持たない名詞とをカテゴリー化することが要請される。そして、空間性を持った名詞こそが、この種の連語を実現させる構成要素としての資格を獲得出来ると言えよう。

(2)に示された近づき動詞は、A地点から移動しB地点に近づけばよい、というカテゴリカルな意味のもとで、他の移動動詞とのカテゴリー化が可能となる。このようなカテゴリカルな意味が、連語の構造に入り「移動性の結び付き」を実現させるには、従属語位置に「に格」の形をとる場所名詞が示されなければならない。ここで、行き来動詞が実現させる連語の構造と比べてみよう。行き来動詞が実現させる連語では、従属語位置に、必ず空間的な名詞が示されなければならないという制約がある。しかし、近づき動詞が実現させる連語では、その従属語位置には必ずしもモノ名詞や人名詞が示され、その上で空間化されなくてもよいという従属語名詞における意味特徴がみられる。また、中心語位置に示される「近づく・接近する・近寄る」のような近づきの動詞が、人名詞と組み合わさるものの、それが空間的な移動性による近づけではなく、精神面や心における近づきを示すという連語もみられる。このように、一つの組み合わせのなかで、移動性を表す連語と心理面での移動を表す連語とがみられるが、ここでもやはり、本稿が進めている意味的な関係によるカテゴリー化が可能となろう。

(3)に示された出入り動詞は、B地点への出入りの移動を示す、というカテゴリカルな意味のもとで、他の移動動詞とのカテゴリー化ができる。このようなカテゴリカルな意味が、連語の構造に入り「移動性の結び付き」を実現させるためには、従属語位置に「に格」の形をとる場所名詞が示されなければならない。ここで、行き来動詞と近づき動詞とが実現させる連語の構造とを比べて見よう。行き来動詞が実現させる連語の構造では、従属語位置に示される名詞には、必ず空間的な名詞が示されなければならなかった。そして近づきの動詞が実現させる連語では、従属語位置に示される名詞の空間化には関心を持たないという組み合わせであった。一方、出入り動詞は、近づき動詞と同様に、その空間化には関心を持たないという特徴がみられる。また従属語位置に「屋根付きの名詞」というカテゴリカルな意味を帯びた名詞が示されなければならない。

ところで、「移動性の結び付き」の一つである「行き来先の結び付き」を構築するためには、中心語位置にはA地点から移動しB地点に到着(到達)するという意味特徴を表わされる動詞で示され、従属語位置には空間的な要素を帯びた名詞で示さなければならないという組み合わせである。もし、この組み合わせを持って、「近づきの結び付き」を実現させるためには、中心語位置に移動性のカテゴリカルな意味に属する動詞のなかで、B地点に近づくという移動動作の意味特徴を指し示す動詞で示されなければならない。たとい、従属語位置に空間性を帯びた名詞で示されても、「近づきの結び付き」では、それには関心を持たないという構造的な特徴が認められる。(6)〜(11)までに示された動詞も同様に、このカテゴリカルな意味のもとで分類された動詞が、それぞれの意味特徴を示しながら連語の構造を作り、そのカテゴリカルな意味にふさわしい結び付きも誕生するのである。

このように細分化された、それぞれのカテゴリカルな意味のなかで、それぞれが持つ意味特徴のもとで、連語が実現される。「移動動詞」という動詞グループにおいて、このように様々な連語のカテゴリー化ができるということは、それなりのカテゴリカルな意味と意味特徴とが分析可能であるからであろう。このように、従属語と中心語位置に示されるそれぞれの単語が、連語を構築する要素として、カテゴリカルな意味が存在しているからである。だからカテゴリカルな意味というのは、文法的な結び付きを係わりとのなかにおける、語彙的な意味(換言すれば、「共通の意味」とも言える)にほかならない。一方、語彙的な意味には、それぞれの単語は語彙的な意味を持っていることから、その語彙的な意味のなかには結び付きを作り出す側面(意味特徴)が内包されているようである。それゆえ、カテゴリカルな意味は文法的な側面から見たものであり、意味特徴は語彙的な意味の側面から見たものである、と言えよう。

20-9.Syntagmatic RelationとParadigmatic Relationとの関係

「20-7. Categorical MeaningとSemantic Componentとの関係」のところで示した、「移動動詞グループ」を参考にしながら、この節の論述を進めていきたい。連語は、カテゴリカルな意味と意味特徴を帯びた、単語によって組み立てられた産物である。例えば、ある空間名詞が、カテゴリカルな意味に属する動詞の「行く.来る」という動詞と組み合わさった場合と、「帰る.戻る」や「通う」.「集まる」といった動詞と組み合わさる場合とは、その「行き来先の結び付き」には変りはない。これは単語(従属語)と単語(中心語)との結びつきが、文法的な形式における、Syntagmatic Relation(横並び的な関係/「以下、「syntagmaticな関係」と呼ぶ)のもとで実現されるからである。例えば、

○再来年(さらいねん)くらいになったら、わたし、新婚旅行で外国にゆくかも知れないわ。(武者小路実篤(むしゃのこうじさねあつ)・友情)

○おまえと楽しいわが家をつくるために、その材料を外国に買いに来たのだ。(武者小路実篤・愛と死)

○そして島村はその日東京に帰ったのだった。(川端康成・雪国)

○東京に戻って、〜(阿刀田高(あとうだたかし)・ミステリー短編選』)

○「陽子も元気になって学校にかよっているし、〜。」(三浦綾子・続氷点』)

○早川の友だちのそういう連中が五六 人よく仲田の家に集まった。(武者小路実篤・友情)

また、中心語位置に、行き来動詞に代えて近づき動詞を置くことも可能である。例えば、

○川に近づくにつれて、下草が丈高く伸び、〜(三浦綾子・続氷点』)
○もっと金閣に接近して、私の目に醜く感じられる障害は取り除き、〜(三島由紀夫・金閣寺)

このように、中心語位置に、近づき動詞を入れ替えることもできるが、入れ替えることで、意味的な関係も変化していることが知られよう。今度は、従属語位置に、空間名詞に代えて動作性名詞が置かれた例を見てゆこう。例えば、

○京都に講演に行ったとき、〜。(三浦綾子・生きること思うこと』)
○ちかこは女中を呼んで、茶室の掃除にたって行った。(川端康成・千羽鶴)
○結婚式につぐアメリカ西海岸への新婚旅行で、帰って来ればすぐに仕事に戻らなければならなかった。(森瑤子・結婚式)

このように、移動動詞が、空間性を帯びた名詞ではなく、動作性の名詞と組み合わさると、「移動性の結び付き」から「目的の結び付き」へと転化してしまうのである。

「移動動詞グループ」が、カテゴリカルな意味ごとに、連語を構築す

ることができる。さらに上に示されたように、行き来先の結び付きを実現させる従属語と、近づきの結び付きを実現させるときの従属語とを入れ替えることができる。また、中心語も従属語と同様に、他の結び付きを実現させる単語で入れ替えが可能である。このように組み合わせの関係に注目するのが、paradigmatic relation(縦並び的な関係/以下、「paradigmaticな関係」と呼ぶ)である。

syntagmaticな関係を「従属語と中心語との関係」と規定するのなら、このparadigmaticな関係とは、「従属語と従属語との関係」、あるいは「中心語と中心語との関係」であると言えよう。

この二つの関係について、薛根洙(1997)は、次のように図表化している。

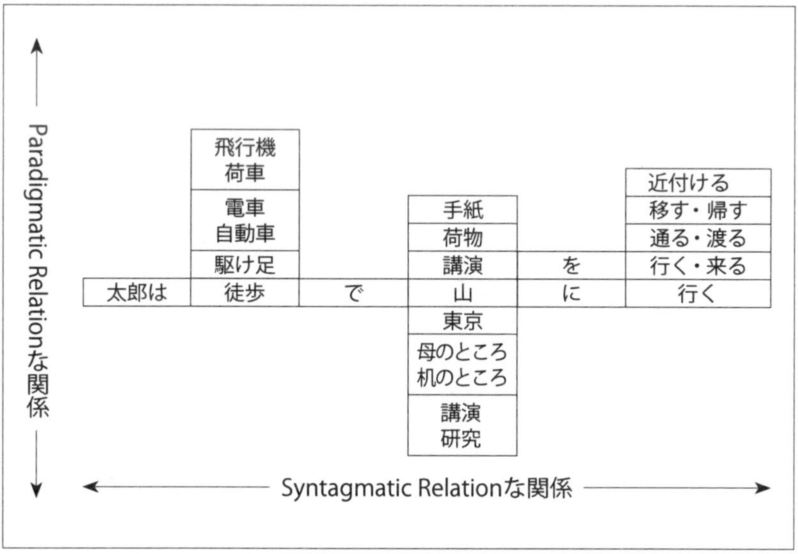

連語研究の対象として、単語と単語との組み合わせによるsyntagmaticな関係だけではなく、paradigmaticな関係をも今後は一層含めねばならないであろう。

20-10. 連語(word-groups)と結合(valence)との関係

「Valence」とは、元々ドイツ語のvalenzに由来した用語である。この用語は、化学における「ある原子が他のいくつの原子と結合するか」という視点を、言語学へと応用したものである。これを日本語では、結合や結合能力と呼んでおり、連語の研究において、切っても切れない非常に緊密な関係を保っている。

ある種の動詞が、この結合能力にそって、いくつかの単語と組み合わさる能力(結合)を持っているということを、水谷信夫他(1983)は、次のように述べている。

<結合価１>の動詞は「死ぬ」などがあり、<結合価２>の動詞は「持つ」「殺す」「見る」などがあり、「本を持つ」「ネズミを殺す」「虹を見る」のように組み合わせができ、<結合価３>の動詞は「示す」「言う」「与える」などがあり、「警察に身分明書を示す」「先生にお礼を言う」「子どもにお金を与える」のように組み合わせることができる。また、「(雨が)降る」のように結合価が<０>の動詞もある。

このように、それぞれの動詞は、それぞれの結合価によって、組み合わさる単語の数も違って来るのである。言い替えれば、このような結合能力によって、<二単語連語>や<三単語連語>をもはじめて構築することができるのである。

これを一見した限りでは、連語と結合価とは、まったく同様な文法形式をもっているように思われかねない。だが、文の構造において、それぞれの対象となる文の成分は明らかに異なっているのである。次に示す例句は連語のレベルでみれば、中心語位置の動詞を中心とする文である。例えば、

(1)-a＜結合価＞

・太郎が　本を　持っている。

(1)-aa＜連語＞

・太郎が　本を　持っている。

(1)-b＜結合価＞

・太郎が　先生に　お礼を　言った。

(1)-bb＜連語＞

・太郎が　先生に　お礼を　言った。

一方、結合価の研究対象は、連語とは異なっており、文のレベルで見る際、単に補語だけでなく、文の主体まで視野に入れている。これに比すれば、連語研究では、(1)-aaと(1)-bbで示されているように、「本を持っている」「先生に言った/お礼を言った」など、文のなかで主体を除いた補語までを対象としている。それゆえ、連語研究の対象は文の成分からみると、あくまでも中心語の単語と組み合わさる補語や、中心語と述語との組み合わせまでにとどまるのに対し、結合価研究のそれは、補語と述語はもちろんのこと、主語を含んでいるのである。

参考文献

言語学研究会編(1983)『日本語文法・連語論(資料編)』むぎ書房

奥田靖雄 (1976)「言語の単位としての連語」『教育国語45号』むぎ書房

(1992)「日本語動詞の研究・動詞論—北京大学での講義資料』未公刊

奥田靖雄著作集刊行委員会編(2015)『奥田靖雄著者集言語学編(全3巻)』むぎ書房

鈴木重幸 (1972)『日本語文法・形態論』むぎ書房

(1996)『形態論・序説』むぎ書房

鈴木康之(1983)「連語とはなにか」『教育国語73号』むぎ書房

(1999)『概説・現代日本語文法』おうふう社

高橋太郎(1994)『動詞の研究』むぎ書房

高橋太郎・他(1994)『日本語の文法』むぎ書房

高木一彦(1997)『日本文学研究』第三十六号 大東文化大学日本文学会

宮島達夫・他(1964)『語彙教育』むぎ書房

宮島達夫(1972)『動詞の意味・用法の記述的研究』秀英出版

鈴木泰・他(1996)「日本語文法の諸問題」『高橋太郎先生古希記念論文集』ひつじ書房

湯本昭南(1979)「あわせ名詞の構造」『言語学研究会編・言語の研究』むぎ書房

高瀬匡雄(2014)『奥田靖雄の国語教育論』むぎ書房

日本語教育学会編(2005)『新版日本語教育事典』大修館書店

薛根洙 (1996)「連語における日韓対照研究」『国文学・解釈と鑑賞(782)』第61巻7号至文堂

(1997)「連語論研究의 方法ー「に格」名詞+移動動詞을 중심으로ー」第30号日語日文学 研究.韓国日語日文学会

(1998)「移動動詞の連語論的な構造の研究ー3単語連語の構造に注目してー」第37号日本文学研究日本大東文化大学日本文学会

(2000)「連語論のParadigmatic relation研究ー行き来先と近づきとの結び付きを中心にー」第8号 日本語文学韓国日本語文学会

(2001)「連語論の研究ー「へ格名詞+移動動詞」を中心にー」『国文学・解釈と鑑賞(842)』第66巻7号至文堂

(2002)「言語活動の結び付き」の連語論研究『国文学・解釈と鑑賞(854)』第67巻7号至文堂

(2005)「韓国語の連語論」『国文学・解釈と鑑賞(890)』第70巻7号日本至文堂

(2010)「Thesaurus Manageを利用した語彙分類の研究-日本語の[分類語彙表]を中心に-」第19輯日本語教育研究韓国日本語教育学会

(2011)「移動動詞の語彙論研究-[に格名詞＋動詞]を中心に-」第32号日本学研究檀国大学校 日本研究所

◦著者◦

설근수(SEOL,GEUNSOO/薛根洙)

・日本・Waseda university(中国文学科)卒業

・日本・Daitobunka university(日本語研究科)修士・博士修了(博士号取得)

・中国・清華大学(日本語科)客員教授(2007年度海外派遣教授・韓国学術振興財団支援)

・中国・北京外国語大学・日本研究センター客員教授(2008.3.1～8.30)

・現在、韓国・全北大学校(日語日文学科)教授

＜主要研究業績＞

＜論文＞

・動詞連語論の研究(1998)Daitobuka大学、博士論文

・連語論のParadigmatic Relation研究(2000)第8号日本語文学、韓国日本語文学会

・連語論の研究(2001)第66巻7号国文学・解釈と鑑賞(842)日本至文堂

・日本語Cyber講義Contents開発研究(2003)第54号日本学報、韓国至文堂

・Mutimediaを利用した言語学習方法の研究(2006)第1巻1号多様化日語教育研究、中国西安交通大学校

・Mobileを利用した言語学習方法の研究(2007)第32巻日本語文学、韓国日本語文学会

・U-Learning Contentsの開発研究ー日本語の基礎文字(ひらがな)を中心にー(2008)第8輯日本語言文化研究、中国学苑出版社

・動画を利用した言語学習方法の研究-日本語の「ひらがなの字源」を中心に-(2009)第42号日本語文学、韓国日本語文学学会

・Thesaurus Manageを利用した語彙分類の研究-日本語の「分類語彙表」を中心に-(2010)第19輯日本語教育研究、韓国日本語教育学会

・移動動詞の語彙論研究-「に格名詞＋動詞」を中心に-(2011)第32号日本学研究、檀国大学校 日本研究所

・動画を利用した言語学習方法の研究-日本語の「カタカナの字源」を中心に-」(2012)日本学研究第35輯、檀国大学校 日本研究所

・動画を利用した言語学習方法の研究-日本語の「カタカナの書き順」を中心に-」(2013)日語日文学研究第84輯、韓国日語日文学会
・動画を利用した言語学習方法の研究-日本語の「ひらがなとカタカナの書き順」を中心に-」(2013)日語日文学研究第87輯、韓国日語日文学会
・目的の意味」の研究-「に格名詞+移動動詞」を中心に」(2014)日語日文学研究第89輯、韓国日語日文学会
・QR-Cordを利用した言語学習方法の研究-日本語の「カタカナの書き順」を中心に-」(2014)日本語教育研究第29輯、韓国日語教育学会
・QR-Cordを利用した言語学習方法の研究-日本語の「ひらがなの書き順」を中心に-」(2014)日語日文学研究第90輯、韓国日語日文学会
・QR-Cordを利用した言語学習方法の研究-日本語の「Hiraganaの字源」を中心に-」(2015)日語日文学研究第95輯1巻、韓国日語日文学会
・複合動詞の研究-「移動動詞の＋込む」を中心に-」(2016)日本語教育研究第34輯、韓国日語教育学会
・次世代日本語教育の方法論研究-「KHUB System」を利用して-」(2016)日語日文学研究第97輯、韓国日語日文学会
・소셜 플랫폼상에서 MOOC와 플립드러닝을 지원하는 온톨로지 기반 교육 콘텐츠 소셜 큐레이터 구현(2017)日本語教育研究第38輯/韓国日語教育学会(共同)

＜著書＞

・古典日本語文法(1997)韓国学文社(単独)
・21世紀言語学研究－SUZUKI Yasuyuki教授古希記念論集－(2004)日本白帝社(共同)
・韓国語Thesaurus研究(2004)韓国文化社(共同)
・韓日分類語彙比較表-体言類本表-(2005)韓国全一出版社(共同)
・多様化日語教育研究(2006)中国西安交通大学出版社(共同)
・日本語学の研究と理解』(2007)韓国語文学社(共同)
・北京大学日本語学科成立60周年研究論文集(2008)北京大学日本語学科編、中国学苑出版社共同)
・Asia太平洋地域における日本語教育(第2巻)(2008)HongKong日本語教育研究会

出版(共同)

・日本語の語彙論理解(2012)韓国ShinAsa出版社(単独)

＜訳書＞

・일본어 문법, 高橋太郎著(2000)韓国博而精出版社(共同)

・현대 일본어 문법, 鈴木康之著(2000)韓国学文社(単独)

・와세다대학은 어떻게 인재를 키우는가? 白井一彦著(2009)韓国ShinAsa出版社(単独)

・현대 일본어의 연어론 연구, 鈴木康之著(2017)韓国亦楽出版者(単独)

＜知的財産権(特許)＞

・動画を利用した言語学習方法(2005)韓国特許(第0521724)(単独)

日本語の言語学のための

日本語の文法論研究

지은이 설근수
펴낸이 이남호
펴낸곳 전북대학교출판문화원

초판 1쇄 인쇄 2017. 02. 15
초판 1쇄 발행 2017. 02. 20

전북대학교출판문화원 전라북도 전주시 완산구 어진길 32 (풍남동2가)
전화 (063) 219-5321~2
FAX (063) 219-5323
출판등록 2012년 8월 20일 제465-2012-000021호

값 20,000원

ISBN 979-11-87892-11-3 93730

이 도서의 국립중앙도서관 출판예정도서목록(CIP)은 서지정보유통지원시스템 홈페이지(http://seoji.nl.go.kr)와 국가자료공동목록시스템(http://www.nl.go.kr/kolisnet)에서 이용하실 수 있습니다. (CIP제어번호 : CIP2017003377)